経営戦略と競争優位

林 倬史・關 智一・坂本義和 [編著]

立教大学ビジネスデザイン研究科 [著]

Strategy and Competitive Advantage

序　文 －本書の狙い－

本書は，従来の経営戦略論に物足りなさを感じる研究者，学生諸君そしてビジネスマンを意識して書かれている。

21世紀に入って以降，WTO（世界貿易機構），FTA（自由貿易協定），地域共同体構想の進展等により，産業部門ごとに異なる各種認可基準，諸手続き，技術標準，さらには会計制度，等々が国際的に標準化されてきた。その結果，各国ごとに構築されていた投資・貿易上の障壁が取り除かれるにつれて，企業を取り巻く競争環境の構図は，いっそうグローバルな規模で変容してきている。市場のグローバル化にともなう企業間競争の熾烈化は業界を問わず，まさにボーダレスに展開されるようになってきた。しかも，ICT（情報通信技術）の急速な進展は，業界間の垣根を崩し，多様なそして複雑な競争の構図を創り上げている。とりわけ，インターネット資本主義化が進化するにともない，製品の構造もスタンドアローン型からデジタル技術をベースとしたネットワーク型へと変容してきている。その結果，相互接続を前提とするこれらネットワーク型製品や産業は，関連企業間の熾烈なシェア争いを促すと同時に，他方ではお互いに国際的な標準化を目指すためにコンソーシアムを形成しあう協調的関係をも構築している（梶浦[2005]，竹田・内田・梶浦[2001]）。しかもこうした産業ほど，製品仕様上の優位性はハードウェア技術のみならず，むしろソフトウェア技術に規定される程度が高まってくる[1]。

その結果，競争の激化にともない，製品のライフサイクルが短縮化する中で，ハードウェア技術群のみならずソフトウェア技術をも含む多様な構成技術群の研究開発を自社単独で行うことは極めてリスキーな状況となってきている。

---

1) たとえば，最新の携帯端末は画像・映像送受信から音楽，決済，生体認識，地上デジタル放送受信などの高機能化が進んできたため，研究開発費は約100－200億円に及ぶ。そしてそのうちのおよそ7～8割がソフトウェアの開発費で占められている（『日経産業新聞』2006年7月6日付，および各社ヒアリング）。

しかも，いわゆるテクノヘゲモニーを技術の個別領域ごとに細分化して吟味してみると，もはや米日欧の三極を軸とした技術開発力の構図は大きく変貌を遂げてきている。米国特許を吟味してみると，たとえば企業別特許取得ランキングのベストテンには，三星電子（韓国）が常連となっている。また半導体のプロセス技術に関する特許をもっとも多く取得している企業は，もはや上記の3極をベースとする企業ではなく，ＴＳＭＣ（台湾）である。すなわち，東アジア諸国系企業の歴史的台頭とこれら企業によるキャッチアップ型戦略は，日系企業が得意としてきたこうしたキャッチアップ型イノベーションに基づく戦略を基本的には無効にしてしまい，創造型イノベーションに基づく戦略への移行を不可避にしてしまった。
　1980年から1990年代に展開されてきた企業戦略論なり競争戦略論の基本的枠組みと日本企業の戦略的課題はもはやパラダイムシフトを遂げてきたものとして認識すべきであるように思われる。

　資本と労働の移動がグローバルな規模で行われるのみならず，情報通信技術を媒介とした知識のボーダレスかつリアルタイムでの移転は，知識のグローバルな分散化を急速に促進していくものとして認識する必要がある。換言すれば，21世紀における国際的な技術移転の流れは，その速度と規模において，19世紀，20世紀とは決定的に異なることが想定される（林［2004］，陳・林［1995］）。こうして競合企業群が3極に偏在する時代は終わりを遂げ，むしろグローバルに分散する時代へと移行してきた。
　そしてそれと同時に，競争環境がＩＣＴを媒介に変動の度合いを強めるほど，複眼的戦略立案の巧拙がいっそうその重要性を増してきている。しかしながら同時に，産業構造の技術集約化と知識集約化が進展するにともない，知識労働の重要性がいっそう高まってきた点にも留意する必要がある。このことは，とりわけ日本企業にとって，頭脳労働の担い手としての個々人の創造性が「競争優位」の源泉として再認識される必要性をかつてなく高めてきたことを意味する。そして競争環境が著しく変容する可能性が高まるほど，「戦略性」と同時に，

自律的に環境変化に対応しうる「創発性」(emergent)[2]の重要性が高まらざるを得ない。このことは，戦略形成プロセスと戦略実現プロセスにおける「パーソン・スペシフィック」[3]の要素も必然的に高まらざるを得なくなることを意味する。

換言すれば，競争環境のダイナミックな変動に戦略的に対応する必要性[4]が高まる分，そしてまた産業の知識集約化による知識労働の重要性が高まるほど，その分だけ，諸個人が固有に有する生産手段としての頭脳に依拠する度合いが強まるために，その分，創発的戦略の重要性とそこでの「パーソン・スペシフィック」の要素に依拠する程度が高まることになる。

言い換えれば，21世紀型の企業戦略と，そこでの「競争優位」の源泉は，かつてないほど，個人個人の主体性と創造性を最大限に発揮させ，しかも国籍に関係なくグローバルに活用する組織的仕組みが要求されてくることになる。

こうした状況下においては，企業の戦略と組織的構成は絶えざる進化的側面（evolutionary）というよりも，むしろ革命的進化（revolutionary）の側面と，そして優れたリーダシップを要求することになる[5]。しかしながら，ケース分析の章でも見出されるように，こうしたダイナミックな変化を要求される産業ほど，変わらぬ理念と信頼関係が求められてくることも見出された。こうして，本書では，結果的に，従来の競争戦略論の枠内において，「競争優位」ないし「競争劣位」を論じることの有効性と危険性を常に認識する必要が高まってき

---

2) ここでは，「意図された計画的戦略」と同時に，実際にはその適応のつど学習しながら戦略が形成されていく創発のプロセスとしても認識する必要がある点を強調している。創発性（emergent）の概念については，H. ミンツバーグ（1998）が参考になる。

3) 「パーソン・スペシフィック」の概念に関しては，大前研一（2001）が参考になった。同論文では，これについてシスコシステムズ社のJ. チェンバース氏の事例で説明している。

4) 競争環境がダイナミックに変化するにつれて，そこでの企業戦略上の指針が，シンプルになるほど有効になること，およびそこでの弾力的適応については，K. M. Eisenhardt (2001)，S.L. Brown & K.M. Eisenhardt (1998) が特に参考になった。

5) こうした論点については，G. Hamel (2000) が参考になった。

たことを指摘することになった。

本書の構成

　第Ⅰ部の第1章は，経営戦略論に関する理論的整理とそこでの課題を中心に論じている。つづく第2章はそうした経営戦略論のキーワードでもある「競争優位」に関する論点の整理がなされている。

　そして，第Ⅱ部の第3章から第7章までが，ケーススタディとして米国J＆J社，英国サッカークラブのマンチェスター・ユナイテッド（Manchester United），そして日本の信越化学工業，ＳＩＩ社，そしてソフトバンク社の「競争優位」をそれぞれ分析している。これらのケース分析を担当した著者達はそれぞれ，勤務しながら立教大学大学院ビジネスデザイン研究科を修了した現役のビジネスマンの諸君である。これらのケース分析の章は，ＭＢＡコースで学習した経営戦略論と実際のビジネスでの実体験を踏まえた上で，対象企業の競争優位を中心に検証されている。

　そして最後に，第8章は，第Ⅰ部の理論編と第Ⅱ部の実証分析編を総括した経営戦略論と競争優位論を今後の課題を踏まえながら提示している。

　本書がまだまだ理論的かつ実証的に煮詰められていない箇所を多々残していることは否定し得ないが，学生，研究者はもちろん多くのビジネスマンの方々にも広く読んでいただき，こうした点に関してご指摘，ご示唆を賜れば幸いである。

　最後に，本書の発刊に際しては，税務経理協会の峯村英治氏からたびたび多岐にわたる貴重なご助言を頂いた。ここに感謝の意を表する次第である。

【参考文献】

林　倬史編著（2001）『ＩＴ時代の国際経営』中央経済社。
陳　炳富・林　倬史編著（1995）『アジアの技術発展と技術移転』文眞堂。
林　倬史（2004）「技術開発力の国際的分散化と集中化」『立教大学経済学研究』Vol.57, No.3：63～88ページ。
梶浦雅巳（2005）『IT業界標準』文眞堂。
大前研一（2001）「見えない大陸：覇者の条件」『Harvard Business Review』May, 42－51ページ。
竹田志郎・内田康郎・梶浦雅巳（2001）『国際標準と戦略的提携』中央経済社。
Eisenhardt, K. M. and Sull, D. N. (2001), Strategy as Simple Rules, *HBR*, Jan., スコフィールド資子訳「シンプル・ルール戦略」『Harvard Business Review』May, 10～94ページ。
Hamel, G. (2001), *Leading The Revolution*, Penguin Books（鈴木主税・福嶋俊造訳『リーディング・ザ・レボリューション』日本経済新聞社，2001年）。
Mintzberg, H. Ahlstrand, B. and Lampel, J. (1998), *Strategy Safari*, The Free Press（斉藤嘉則監訳，木村　充・奥澤朋美・山口あけも訳『戦略サファリ』東洋経済新報社，1999年）。
Brown, S. L. and Eisenhardt, K. M. (1998), *Competing on the Edge*, HBS Press, Boston.

目　次

序　文 －本書の狙い－

第Ⅰ部　理　論　編

第1章　戦略論の理論的系譜と批判的検討 …………………… 3

1　戦略論の基礎知識 ……………………………………………… 3
　(1)　戦略の起源と定義 ………………………………………… 3
　(2)　競争戦略とは ……………………………………………… 4
2　ポーターの登場と戦略計画の時代 …………………………… 5
3　日本企業の躍進とミンツバーグのポーター批判 …………… 7
　(1)　基本戦略のミス …………………………………………… 9
　(2)　戦略計画のミス ……………………………………………13
4　戦略論の新展開とその到達点 …………………………………14
　(1)　ＲＢＶとケイパビリティ …………………………………15
　(2)　コア・コンピタンスとその正体 …………………………17
　(3)　ナレッジ・マネジメントという到達点 …………………19
5　21世紀の戦略論の行方 …………………………………………23

第2章　経営戦略論における競争優位研究の展開 …………29

1 **競争優位とは** …………………………………………………………29
2 **競争優位概念の形成と競争戦略論** ……………………………30
　(1) 競争優位概念の形成過程 ……………………………………30
　(2) 競争戦略論の展開　　　　　………………………………31
3 **持続的競争優位概念の登場** ……………………………………32
　(1) 競争戦略論に対する批判 ……………………………………32
　(2) 時代背景による批判 …………………………………………33
　(3) 外部要因重視への批判 ………………………………………34
　(4) 持続的競争優位概念へ ………………………………………35
4 **持続的競争優位の源泉** …………………………………………36
　(1) 持続的競争優位概念のアプローチ …………………………36
　(2) 資源ベース論 …………………………………………………36
　(3) 資源ベース論の問題点 ………………………………………38
　(4) 能力ベース論 …………………………………………………40
5 **持続的競争優位と近年の議論** …………………………………48
　(1) 能力ベース論からみた近年の議論 …………………………48
　(2) 企業文化論 ……………………………………………………48
　(3) 文化的多様性 …………………………………………………49
　(4) 外部資源の利用 ………………………………………………50
6 **本章のまとめとケース分析へ** …………………………………51

目次

第Ⅱ部　ケース・スタディ

第3章　ジョンソン・エンド・ジョンソン ……………………57

1　はじめに …………………………………………………………57
2　「Our Credo（我が信条）」とは ………………………………59
　　コラム ……………………………………………………………63
3　分権化経営 ………………………………………………………64
4　タイレノール事件 ………………………………………………67
5　「Our Credo（我が信条）」の浸透 ……………………………69
6　Global Standards of Leadership ………………………………70
7　長期展望に立った経営 …………………………………………72
8　おわりに …………………………………………………………73

第4章　マンチェスター・ユナイテッド ……………………75

1　はじめに …………………………………………………………75
2　Manchester United（MU）とは ………………………………76
3　業界分析 …………………………………………………………79
4　企業分析 …………………………………………………………81
5　模倣困難性を高める歴史 ………………………………………82
6　おわりに …………………………………………………………87

第5章　信越化学工業 ……………………………………………91

1　はじめに：優れた財務状況 ……………………………………91

2　信越化学工業の強み：5つの競争要因等による分析 …………95
3　信越化学工業の歴史 ……………………………………………96
4　持続的成長の要因：優れた多角化 ……………………………98
5　持続的成長の要因：選択と集中 ………………………………102
6　持続的成長の要因：優れた技術 ………………………………103
7　持続的成長の要因：金川社長のリーダーシップ ……………105
8　おわりに …………………………………………………………107

第6章　セイコーインスツル株式会社 ……………………………109

1　はじめに …………………………………………………………109
2　コア・コンピタンス経営 ………………………………………110
　(1)　技術のセイコー：世界への挑戦 …………………………110
　(2)　コア・コンピタンス経営：時計技術を使え ……………112
3　技術開発におけるダイナミック・ケイパビリティ …………115
　(1)　技術開発マーケティング：セカンド・オピニオン ……115
　(2)　技術開発のスピード：他社よりも早く …………………116
　(3)　市場創発：腕は譲れない …………………………………118
　(4)　利益をもたらす技術開発 …………………………………121
　(5)　協創のプロセス ……………………………………………124
4　さらなる技術開発のケイパビリティ獲得に向けて：SYO ism …125
　(1)　SYO ism：匠 ………………………………………………125
　(2)　SYO ism：小 ………………………………………………126
　(3)　SYO ism：省 ………………………………………………126
5　おわりに …………………………………………………………126

目次

第7章　ソフトバンク……………………………………………129

1　はじめに………………………………………………………129
2　競争環境の変化………………………………………………130
3　市場創造ありきの戦略目標…………………………………132
4　米国の最新ＩＴ情報の囲い込み……………………………133
5　ＩＴ情報を活かし，いち早く事業展開……………………135
6　証券市場に衝撃を放つ………………………………………137
7　マルチプル経済を利用した資金調達………………………139
8　「第一ステージ」における競争優位………………………141
　(1)　総合通信事業者へ：巨人ＮＴＴとの戦い……………141
　(2)　法人向け通信サービスの強化：時間と信頼性を買うということ……147
　(3)　ラインナップの充実とともに：知名度とコンテンツ確保を
　　　実現する福岡ダイエーホークスの買収…………………149
　(4)　日本最大規模1兆7,500億円のボーダフォン日本法人買収
　　　：時間を買う…………………………………………………151
9　おわりに………………………………………………………152

本書のまとめ

第8章　「経営戦略と競争優位」論の再検討……………157

1　5つのケースのまとめ………………………………………157
　(1)　J＆J社………………………………………………………157
　(2)　MU（マンチェスター・ユナイテッド）………………158
　(3)　信越化学工業………………………………………………158

⑷　ＳＩＩ ……………………………………………………………159
　⑸　ソフトバンク …………………………………………………159
２　経営戦略論と競争優位論の再吟味 ……………………………160
　⑴　「ポジショニング」論と内部資源説的捉え方の有効性と限界…………160
　⑵　「競争優位」とダイナミック・ケイパビリティ …………………161
　⑶　５つのケースと「競争優位の源泉」…………………………162
３　日本企業の「競争優位」と経営戦略論 ………………………163
　⑴　日本企業の発展段階と内部資源説の限界 …………………163
　⑵　内部資源説によると歴史は固定的 …………………………165
４　日本企業の戦略的課題 …………………………………………165
　⑴　日本企業の戦略的課題と仮想統合化 ………………………165
　⑵　日本企業の戦略的課題と新たな製品開発システム ………166
５　新たな経営戦略論の展望と課題 ………………………………169
　⑴　知識労働の重要性と文化的多様性 …………………………169
　⑵　他文化シナジーの優位性と組織の自立的進化 ……………171

索　　引 ………………………………………………………………177
編著者・執筆者紹介

第 I 部

理論編

第 1 篇

理论篇

第1章
戦略論の理論的系譜と批判的検討

　本章では，戦略論の理論的系譜とその批判的検討から，21世紀の戦略論の行方を模索する。本章の構成は以下の通りである。まず戦略論の代表的な理論の内容とその変遷について，当時の時代背景とともに振り返りながら考察を進める。そして，ここから現時点における戦略論の理論的到達点の再確認と，その理論的限界を明らかにすることを行う。それは，決して先人が積み上げてきた過去の理論的貢献を安易に批判する作業ではなく，より混迷を深めつつある21世紀の経営環境において戦略論が課せられている理論的使命を，再確認する作業に他ならない。

1　戦略論の基礎知識

(1) 戦略の起源と定義
　戦略論の理論的系譜について詳しく論じる前に，まずは戦略（strategy）の起源と定義について明らかにしておく必要がある。戦略の起源は，古代ギリシア時代にまでさかのぼるとされる。その当時，戦略とは，軍事戦略（military strategy）そのものを意味するとされ，ここからその定義も，戦争の目的を達成するための戦闘・戦術の用い方，といった内容にあった（Ghemawat, 2001）。そして，時代が進み，現在の戦略論における定義を見ると，そこにはかつての軍事戦略時代の定義の面影が残されたままにある。

第Ⅰ部 理 論 編

たとえば,今日の一般的な戦略論テキストを見ても,戦略(＝事業戦略[business strategy])とは,「企業の将来像とそれを達成するための道筋[1]」であり,「企業や事業の将来のあるべき姿と,そこに至るまでの変革のシナリオ[2]」である,との定義付けがされている。その本質部分において,やはり先の軍事戦略の定義との共通点は多いといえよう。すなわち,戦略とは,"企業が目的を達成するための様々な取組み",として意義付けられる。

しかし,ここで1つの疑問が生じる。すなわち,ここでいう"目的"とは一体どのようなものなのか,という疑問である。キーワードは,競争(competition)である。

(2) 競争戦略とは

一般に我々の暮らす社会は,競争社会であるといわれる。たとえば,バーゲンセールで良い品を掴むのも,早い者勝ちという競争を克服してこそ,はじめて実現される。そもそも,資本主義自体に市場競争原理が組み込まれている以上,我々の生活は競争と無縁ではいられないはずである。とすれば,ある企業にとっての"目的"として,ライバル企業との競争に勝ちたい,というものがあって当然であろう。そして,どうも現代企業の多くは,こうしたライバル企業との競争に勝利することを,自らの経営活動の最大の"目的"に据えるケースが多いようである。

いや,中には競合他社との競争など無関係,ただ自社のこれまでのスタンスを崩さないことこそが"目的"である,とする稀有な企業も存在するであろう。しかし,これも表現の違いであって,こうしたいわゆる「勝ち組企業」であっても,その高い市場占有率(マーケットシェア)や独占利益を持続的なものとするためには,常に潜在的な新規参入やライバル企業のチャレンジに対する脅威を意識し,対抗策を講じているはずであり,その意味ではやはり競争状態にある,といえよう。

---

1) 青島矢一・加藤俊彦 (2003)『競争戦略論』東洋経済新報社,17ページ。
2) 伊丹敬之 (2003)『経営戦略の論理＜第3版＞』日本経済新聞社,11ページ。

いずれにせよ，現代企業の"目的"として，何らかの競争上の勝利を掲げていることは，ほぼ間違いない。とすれば，先の戦略の定義には，こうした競争というキーワードを新たに加味する必要があり，こうした点を意識した上で改めてその定義付けを行うとすれば，それは次のようなものになる。すなわち，戦略とは，"企業が様々な競争に勝利するという目的を達成するための様々な取組み"，である。

最後に，今日では単なる企業戦略という呼称よりも，競争戦略（competitive strategy）という呼称の方が一般的であるが，これはまさしく先に説明した理由による。現代企業にとって，戦略とは競争戦略の意であり，よって必然的に戦略の目的も競合他社との競争上の勝利といった内容になる。では，こうした（競争）戦略を研究対象とする，いわゆる「戦略論」の世界では，いかなる問題が提起され，議論がなされているのであろうか。その理論的系譜を追ってみた。

2　ポーターの登場と戦略計画の時代

ポーターの登場は，戦略論の世界だけでなく，より広範な経営学分野全体に対しても強い衝撃を与えた。なぜならば，それは彼が最年少でハーバード・ビジネス・スクールの教授となったことだけでなく，この新進気鋭の経営学者による戦略論の世界観が，何よりも当時のアメリカ企業が抱えていた病（やまい）に対する明確な処方を提示している，と考えられたからである。

ポーターの登場は，それまで一部の識者にだけ知られ，マイナーな印象を拭いきれなかった戦略論という学問分野を，一気にメジャーへと押し上げる結果となった。いわゆる，現代社会が"戦略の時代"と呼ばれるきっかけは，まさにポーターによって作られた，といっても決して過言ではないのである。しかし，そうした戦略論のメジャー化の要因には，ポーターの理論そのもののクオリティの高さだけでなく，当時の時代背景とのマッチングがあったことを忘れ

てはならないだろう。

　ポーターの戦略論が台頭した1980年代初頭,当時のアメリカ企業は決して醒めることのない悪夢の真只中にあった。1971年,当時のニクソン米大統領が,「金・ドル交換停止」という屈辱的な宣言（＝ニクソン・ショック）を世界に向けて発信して以来,アメリカは慢性的な貿易（経常）赤字・財政赤字（＝双子の赤字）に苦しみ続け,またアメリカ企業の国際競争力の相対的低下も,その歯止めがきかない状態にあった。

　特に,かつてアメリカを代表する産業分野であった鉄鋼・造船や自動車,エレクトロニクス,さらには半導体といった主要ハイテク産業分野において,アメリカ企業は後発の日本企業による猛追を受け,逆に1980年代の日本企業は,後に"ジャパン・アズ・ナンバーワン（Japan as No. 1）"と呼ばれた世界的賞賛の言葉を,甘んじて受け入れるだけの自信と活気に溢れていた。

　こうした状況の中でポーターは,悩めるアメリカのビジネスリーダー達の"救世主"として,その単純明快な戦略論をもって登場したのである。つまり,ポーターの戦略論とは,まさしくこうした日・米企業間競争の激化という時代背景をベースとして登場した,というわけである。果たしてポーターは,悩めるアメリカのビジネスリーダー達の"救世主"となれたのであろうか。

　ポーターの主張は,いたってシンプルである。ポーターは,まずアメリカ企業は自らの現在の姿を良く知り,その上でライバル企業を良く知らなければならない,と説いた。そのためにポーターは,「戦略計画（＝戦略プランナーによる意思決定）」の重要性を強調し,その上で自社およびライバル企業に対して適切な「ポジショニング（＝市場構造分析）」を行い,そこから得た情報をもとに最終的に自社の進むべき道を「選択（＝有限な経営資源の最適配分）」するべきだ,と主張したのである（Porter, 1985）。

　こうしたシンプルなポーターの戦略論は,アメリカの悩めるビジネスリーダー達に,驚きと賞賛の声をもって受け入れられた。若き戦略家・ポーターは,一躍,時代の寵児としてもてはやされ,その戦略的思考＝戦略計画（strategic planning）に倣う企業が続出した。これでアメリカ企業は,ようやくライバ

ル・日本企業の猛追を食い止め，その競争に勝利するはずであった。しかし，現実はポーター自身やポーターの信奉者の思い描いた通りにはならなかった。なぜならば，ポーターの戦略論を以ってしても，日本企業はその勢いを止めることなく，むしろより一層自らのポジションを強化し，アメリカ企業を追いつめていったからである。

ほどなくして，ポーターの戦略論に対して，その"限界"を指摘する声が囁かれはじめることとなった。

3 日本企業の躍進とミンツバーグのポーター批判

かの有名な兵法書『孫子』に，「敵を知り，己を知らば，百戦危うからず」，というものがある。ポーターの戦略論は，まさにこうした格言どおり，企業を取り巻く環境を詳細に分析することで自社・他社それぞれのポジションを正しく把握し，そこから自社の進むべき道を選択する，というものであった。別名，「ポジショニング・アプローチ (positioning approach)」と呼ばれる通り，こうした市場構造分析にポーターの戦略論の特徴を見出すことができる。

具体的には，まず①新規参入業者，②供給業者，③買い手，④代替品，⑤(業界内) 競争業者，という「5つの競争要因 (five competitive forces)」から自社 (または他社) のポジショニングを分析し，続いて自社 (または他社) の企業活動を①購買物流，②操業，③出荷物流，④マーケティングと販売，⑤サービス，に「成分分解 (disaggregation)」し，その「価値連鎖 (value chain)」の状況を理解する (図表1-1参照)。

そして，そうした分析結果をもとに最後に「3つの基本戦略 (three generic strategies)」，すなわち業界全体をターゲットとした場合の①「コスト・リーダーシップ (cost readership)」と②「差別化 (differentiation)」，特定セグメントのみをターゲットとした場合の③「集中 (focusing)」のうちいずれか1つを選択する，という流れとなっている (集中をさらに「コスト集中 (cost focus)」と「差

第Ⅰ部　理　論　編

図表1－1　業界の収益性を決める5つの競争要因

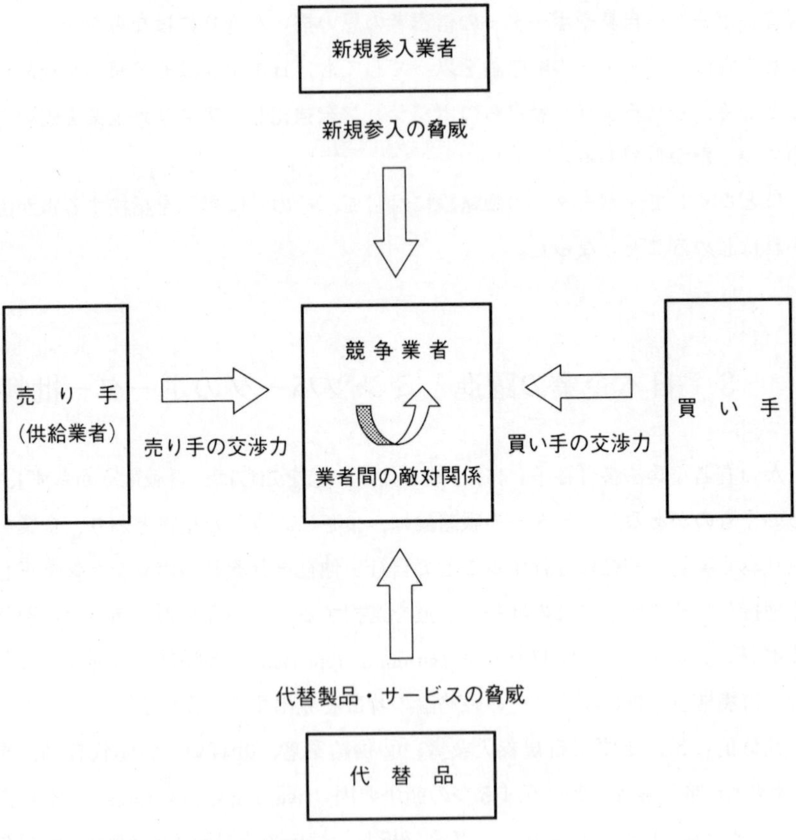

```
                    ┌──────────┐
                    │ 新規参入業者 │
                    └──────────┘
                     新規参入の脅威
                          ↓
┌────────┐              ┌──────────┐              ┌──────┐
│ 売 り 手 │              │ 競 争 業 者 │              │ 買い手 │
│(供給業者)│  →  売り手の交渉力  │ ↑        │ 買い手の交渉力 ←  │      │
│        │              │業者間の敵対関係│              │      │
└────────┘              └──────────┘              └──────┘
                              ↑
                     代替製品・サービスの脅威
                    ┌──────────┐
                    │ 代　替　品 │
                    └──────────┘
```

（出所）　Porter (1985) p. 5 (邦訳, 8ページ).

別化集中 (differentiation focus)」の2つに分けた場合は，基本戦略は合計4つとなる）（図表1－2参照）。

　しかし，前述した通り，こうしたポーターの戦略論も，アメリカのビジネスリーダー達の期待を結果的に大きく裏切ることとなった。すなわち，アメリカ企業はポーターの戦略論を以ってしても，日本企業との競争に勝利することができなかったのである。ポーターの戦略論が十分な成果をもたらさなかった理由は，大きく2つに分類することができる。すなわち，①日本企業の多くは

図表1-2　3つの基本戦略

	競争優位	
	他社より低いコスト	差別化
戦略ターゲットの幅　広いターゲット	1. コスト・リーダーシップ	2. 差別化
戦略ターゲットの幅　狭いターゲット	3A. コスト集中	3B. 差別化集中

(出所)　Porter(1985)p.12(邦訳,16ページ).

ポーターが不可能と判断した戦略を実行して見せたこと(=基本戦略のミス)、②戦略的思考としての戦略計画には落とし穴があったこと(=戦略計画のミス)、この2つである(Boyett and Boyett, 1998)。

(1) 基本戦略のミス

ポーターは自らの戦略論において、その3つの基本戦略のうち、いずれか1つを選択することが重要であり、それができなければ戦略そのものが「中途半端(stuck in the middle)」なものとなり、それは企業にとってマイナスなだけである、と断じている。しかし、現実には日本企業の多くは、ポーターが「中途半端」と断じた「コスト・リーダーシップ」と「差別化」の"両立"を実現し、自らのポジションをさらに強化することに成功していたのである。ポーターは、なぜこのような戦略的思考のミスを犯してしまったのであろうか。

①　BCGのポートフォリオ分析

そもそも、ポーターの戦略論とは、それまでの戦略論における先行研究への批判的検討から始まっている。1960年代のアメリカ企業の「多角化(diversification)」戦略の姿を浮き彫りにした，アンゾフ（I. Ansoff）らの研究によって，戦略論研究はその記念すべき第一歩を踏み出したのである（Ansoff, 1965）。そして，こうした戦略論研究に革命をもたらしたのが，ボストン・コンサルティング・グループ（Boston Consulting Group：BCG）の開発した「プロダクト・ポートフォリオ・マネジメント（Product Portfolio Management：PPM）」であった。

1963年に創設されたＢＣＧは，1965年から1966年にかけて，「蓄積生産量が倍加するごとに，規模の経済，組織学習，技術革新がもたらす相乗効果により，総コストは20％から30％ほど減少する」とする「経験曲線（experience curve）」の概念を提唱。続いて1970年代初頭には，新たに「ポートフォリオ分析（portfolio analysis）」を用いた「成長率－市場シェア・マトリックス（growth-share matrix）」の開発に成功する（図表１－３参照）。世にいうＰＰＭである。そして，前出のポーターの戦略論は，このＰＰＭへの批判的検討から始まったといわれている（Ghemawat, 2001）。

このマトリックスによると，①ライバル企業との格差も大きく，成長市場にある事業は「花形（stars）」に，②ライバル企業との格差は大きいが，成熟市場

図表１－３　ＢＣＧの成長率－市場シェア・マトリックス

相対市場シェア

	高	低
市場成長率　高	花　形 （育成）	問題児 （選択的投資）
市場成長率　低	金のなる木 （維持）	負け犬 （撤退）

（出所）　各種資料より筆者作成。

にある事業は「金のなる木 (cash cows)」に，③ライバル企業との格差は小さいが，成熟市場にある事業は「問題児 (question marks)」に，④ライバル企業との格差も小さく，もはや成熟市場にある事業は「負け犬 (dogs)」に，それぞれ位置付けられることとなる。もっとも条件の悪い，④の「負け犬」に位置する事業は，もはや清算するか売却する以外に選択肢はない，とされる。

結論を先にいえば，こうしたBCGの戦略論も，ほどなくその"限界"が指摘され，急速に表舞台からその姿を消していくのであるが，興味深いことにBCGが犯したとされるミスと，後のポーターの犯したミスには，実は非常に良く似た共通点が見出せるのである。すなわち，BCGの戦略論もポーターの戦略論も，綿密な市場構造分析の上に明らかにされた情報を重視するがゆえに，どうしてもその後の戦略自体が分析時点での情報に縛られてしまうという"ジレンマ"に陥るのである。

たとえば，BCGの戦略論に対する批判として，①既存の環境の範囲内での既存の戦略の焼き直しに過ぎない結果しか出ない，②よって環境の急変による新戦略を持ったチャレンジャーからの奇襲攻撃に弱い，といった点が指摘されている (Ghemawat, 2001)。実は，これらの指摘は，約20年後に登場したポーターの戦略論への批判としても，なぜかそのまま通用してしまうから不思議である。

② ゼロックスvs. キヤノンの教訓

かつて，コピーすることは，ゼロックスする，とまでいわれていた時代が存在していた。1960年代，ゼロックス (Xerox) は鉄壁の特許網を駆使し，世界の普通紙コピー市場を独占していた。しかし，1970年にキヤノンが独自の技術開発によって，当時，不可能とされた普通紙コピー市場に新規参入を果たし，ゼロックスの市場独占はあっけなく終わりを告げることとなった。

PPM分析にあてはめれば，当時の普通紙コピー市場に新規参入することは，100％不可能であると結論付けられたはずである。なぜならば，他社が類似品を生産・販売すれば，ゼロックスはすぐさま特許弁護士を送り込み，当該企業を特許侵害で訴え，普通紙コピー市場から駆逐してしまえたからである。よっ

て，ＢＣＧのマトリックス上では，ゼロックスの普通紙コピー事業は，永遠に「金のなる木」であり続けられたはずである。

　また，一方のキヤノンにとっても，大成功を収める以前の普通紙コピー事業は，社内において"金食い虫"とまでいわれていた。開発に取り組んで，すぐに成功したわけではない。巨額な資金と膨大な労力，時間が費やされた。しかし，この当時キヤノンは，これまでの主力製品であったカメラ事業の不振から多角化を決意，普通紙コピー事業は社運を賭けた戦いであった（丸島, 2002）。そして，こうした執念が実り，1970年にキヤノンは，とうとう独自技術による国産初の普通紙コピー機「ＮＰ1100」の開発に成功するのである。

　こうした当時の常識からは無謀とも思われる挑戦によって，キヤノンは逆にゼロックスがはまり込んでいた戦略論の世界とはまったく別の次元から競争を仕掛けることに成功し，結果的にゼロックスの市場独占を崩壊させるにいたる。ゼロックスはＰＰＭを眺めコピー事業を安泰であるとして，さらなる品質改良や低価格化の努力を怠っていた。その間にキヤノンは故障しにくく安価なコピー機の独自開発に成功していたのである。

　つまり，こうした事例から改めてポーターの犯したミスについて振り返ると，ポーターの戦略論では，前述の通り非常に綿密な市場構造分析を行い，そこから得られた情報をもとに最終的に基本戦略を１つ選択するのだが，その戦略的思考をよく覗いて見ると，そこには前出のゼロックスvs.キヤノンの教訓がまったく活かされていないことに気付くのである。そして，それはさらに突きつめれば，かつてのＢＣＧの戦略論の"限界"から，結果的にはポーターが何も学んでいなかったことを意味する。

　環境や市場構造を分析することは重要である。しかし，それらはいずれも，戦略プランナーがマトリックスや競争要因の分析に没頭している間，じっとそのままで待機していてくれるわけではない。また，分析が終わった途端，戦略プランナーは，まったく別の次元から競争を仕掛けてくるチャレンジャーの存在を忘れがちになる。そして，何よりも一度意思決定された戦略計画は，なかなか途中で軌道修正することが難しい。

ポーター批判の急先鋒であったミンツバーグ (H.Mintzberg) のこうした指摘は，たしかに的を射ていたものばかりであった。

(2) 戦略計画のミス

ミンツバーグの主張は，これまた実に単純明快である。ポーターの戦略論の出発点は，戦略プランナーが戦略の全計画を決定するとする，アンゾフ以来の戦略計画の考え方にある。しかし，この戦略計画という考え方自体に，多くの矛盾が内包されているのだという。たとえば，戦略プランナーが市場構造分析に取り組んでいる間にも市場は激しく動き，企業間の競争関係も刻一刻と変化しているから，分析結果が出た時点で意思決定された戦略すべてが常に有効であるとは決して限らない。

特に，1970年代以降，いわゆるパックス・アメリカーナ (pax americana) の崩壊により，国際経済はアメリカ一極体制から急速に多極体制へと転換し，日本企業を筆頭に新興勢力がアメリカ企業に競争を仕掛けんと，チャンスを伺うグローバル競争時代に突入していった。よって，ポーターの戦略論が，予想外の競争を仕掛ける日本企業の行動によってその限界を明らかにしたのも，至極当然の帰結であったといえる。

つまり，戦略計画の前提には，市場分析を一手に引き受ける戦略プランナーが必要であるとされるが，このことこそがその戦略プランナー自身をもっとも分析対象である市場から遠ざけ，そのために実は市場から発せられる様々なシグナルに気付けなくしているのである。ミンツバーグは，さらに言葉を続ける。もはや，こうした戦略計画では，グローバル競争時代において企業は競争に勝利することはできない。市場動向を熟知した上で，独創性に富む柔軟な戦略は，むしろトップの「ゼネラル・マネージャー」ではなく，ミドルやボトムの「セールスマン」から生み出されるかもしれない。これからの企業は，自社内のほとんどの社員を戦略家として位置付ける，新たな戦略的思考を持つべきだ，と。

ミンツバーグは，こうした戦略的思考を，新たに企業内部から湧き起こる事後的な学習を通じた「創発型戦略 (emergent strategy)」と呼び，従来の企業外

部からの情報収集による事前的な分析を通じた戦略計画＝「熟考型戦略 (deliberate strategy)」との違いを強調するのである (Minzberg, 1994)。これは、いわばこれまでの外部要因分析中心から内部要因分析中心への、戦略論における戦略的思考トレンドの"パラダイム・シフト (paradigm shift)"、であるように思われる。そして、一部では感情的過ぎるとまでいわれる、こうしたミンツバーグによる戦略計画への徹底的な批判が功を奏したのか、たしかに現実のアメリカ企業の多くが、これまで本社にあった「戦略部門」を次々と廃止しはじめていったのである。

しかし、それはアメリカ企業のビジネスリーダー達にとって、再び苦悩の日々が始まることを意味していたのである。

4　戦略論の新展開とその到達点

ポーターの戦略論の"限界"とは、企業の環境や市場構造といった「外部」要因分析の重要性を説きながらも、実はそうした企業の「外部」からはもっとも程遠い戦略を導き出していたことに尽きる。しかし、そうだからといって、ポーターの戦略論の内容すべてが否定されるわけではない。現在もポーターは、偉大な戦略家として世界中から尊敬を集める存在であり、特に日本では「ポーター賞[3]」なるものを設け、2001年より戦略性等に優れた企業の選定を行っているほどである。

しかしながら、やはりポーターの戦略論が期待された成果を残せなかったという事実は消えず、ここからアメリカ国内ではポーター理論に代わる新たな戦略論の登場が切望されていた。こうした中、1980年代後半以降に注目を集めた新たな戦略論としてあげられるのが、①バーニー (J.B.Barney)、ワーナーフェルト (B.Wernerfelt)、ルメルト (R.P.Rumelt) らの「リソース・ベースド・

---

[3]　ポーター賞サイト・ホームページ<http://www.porterprize.org/>

ビュー (resource-based view：RBV)」の戦略論であり，また②ハメル＆プラハラード (G. Hamel and C. K. Prahalad) の「コア・コンピタンス (core competence)」の戦略論であり，そして③野中郁次郎氏らの「ナレッジ・マネジメント (knowledge management)」の戦略論である。

(1) RBVとケイパビリティ

バーニーに代表されるRBVでは，ポーターが重視した「企業の外部に存在する脅威と機会の分析」ではなく，「個別の企業が保有する独自の強みや弱み」について知ることのほうが重要である，と説く (Barney, 2002)。なぜならば，現実の市場を見回したときに，我々は環境の変化に動じない，多くの優良企業の姿を目にしているからである。たとえば，ウォルマートやデルコンピュータ，ディズニー，コカ・コーラ，そしてトヨタやキヤノンがそうである。ここからRBVでは，業界分析といったマクロの視点からではなく，「独自の強み」を有した個別企業にスポットを当て，そうしたミクロの視点を重視するのである。

そもそも，企業とは様々な資源 (resource) の集合体である。こうした発想は，もともとペンローズ (E. T. Penrose) の企業を「生産資源 (productive resources)」の「集合体 (束)」とみなす視点 (Penrose, 1959) からきているとされるが，確かに我々はヒト，モノ，カネ，そして情報や技術，知識といった，いわばリソースの集合体を形式的に企業と呼んでいる。とすれば，世の中に存在している企業とは，実はどれ1つ同じリソースの組み合わせのものなど存在しておらず，また優良企業と呼ばれる企業には，その組織内部に他社にはない，独自のリソースやその組み合わせが存在していることになる。

つまり，RBVの戦略論では，こうした「希少かつ模倣にコストのかかる」リソースの集合体こそが，優良企業の「独自の強み」を生み出している，と主張しているのである。RBVでは，こうしたリソースの集合体を，「ケイパビリティ (capability)」と呼んでいる。では，どのようにして優良企業のケイパビリティを抽出すべきか。ここに登場するのが，「VRIOフレームワーク (VRIO framework)」と呼ばれる「評価尺度」であり，バーニーはここから様々な優良

第Ⅰ部　理論編

図表1－4　VRIOフレームワーク
(＝企業内部の強み弱みを資源に基づいて分析する際に発すべき4つの問い)

① 経済価値(Value)に関する問い	② 希少性(Rarity)に関する問い
その企業の保有する経営資源やケイパビリティは，その企業が外部環境における脅威や機会に適応することを可能にするか。	その経営資源を現在コントロールしているのは，ごく少数の競合企業だろうか。
その経営資源を保有していない企業は，その経営資源を獲得あるいは開発する際にコスト上の不利に直面するだろうか。	企業が保有する，価値があり希少で模倣コストの大きい経営資源を活用するために，組織的な方針や手続きが整っているだろうか。
③ 模倣困難性(Imitability)に関する問い	④ 組織(Organization)に関する問い

(出所)　Barney(2002)p.160（邦訳＜上＞，250ページ），より筆者作成。

企業が内包しているケイパビリティの正体を明らかにすることを試みている（図表1－4参照）。

　RBVの登場は，業界構造から企業組織へ，すなわち外部要因分析から内部要因分析へと，戦略論の考察対象を広げたという意味において，画期的な出来事であった。特に，バーニーらのRBVの戦略論の主張は，かつてのポーターの戦略論の主張と真っ向から対立する概念を打ち出していたこともあり，ここから「ポジショニング重視か，ケイパビリティ重視か」といった，いわゆる「ポーターvs.バーニー論争」なるものも登場するに至っている（岡田，2001）。しかし，こうした激しい論争も，今ではほとんど話題にされることもない。なぜならば，次第にRBVに対しては，次のような問題点が指摘されていったからである。

　「RBVの研究には，成功企業を調査し，その企業が特異な優れた資源を有していることを指摘する事例研究が多い。ただし，企業がなんらかの点で同質

でないとすれば，成功企業に特異な資源は必ず見い出すことができる。とすれば，企業は優れた資源を有しているから成功し，優れた資源は成功企業が保有する資源であることになり，トートロジーに陥ってしまう[4]」

さらに今日では，あれだけ論争を繰り返したポーターの戦略論とRBVの戦略論が，実は相互補完的な関係にあったことも指摘されている。たとえば，スタンフォード大学のビジネススクールでは，ポジションとケイパビリティは相互に関連するとして，その明確な戦略的思考の区別には，ほとんど関心を示していない（Saloner et.al,2001）。なぜならば，ポーターの戦略論の指摘するポジショニングの背景には，企業が有する優れたケイパビリティの存在が前提としてあり，逆にRBVの戦略論の指摘する模倣困難性を生み出す背景には，競合他社とは差別化された業界地位の確立が，やはり前提として存在するからである（淺羽,2004）。

しかし，このことは逆に，総論としてはそれぞれ課題を有するポーターの戦略論とRBVの戦略論ではあるが，各論としてそれぞれの秀でた戦略的思考の部分を上手く重ね合わせることによって，戦略論の世界はより広がりを見せ，また現実の企業が参考にすべき視点をこれからも提供しえることを意味しているといえよう。

(2) コア・コンピタンスとその正体

RBVの思考がポーターの戦略論の不足部分を補う役割を果たしているのに対し，コア・コンピタンスの思考は，同じくポーターの戦略論でいえばその欠陥部分を直す役割を果たしているように思われる。

コア・コンピタンスとは，「企業の中核的な力」であるとされ，こうした「力」とは"過去"の情報を追いかける活動からでは決して獲得できないとされる。なぜならば，ライバル企業の成功体験から何かを学びとろうとする，いわゆる「ベンチマーキングやベスト・プラクティス」活動では，"未来"をつ

4） 淺羽茂（2004）『経営戦略の経済学』日本評論社，206～207ページ。

かめないからである (Hamel and Prahalad, 1994)。

「われわれの理論は単純だ。未来のための競争とは，生まれつつある市場機会を自ら創造し，それを制覇する競争，すなわち新しく生まれる戦場の支配権をめぐる競争である[5]」

つまり，ハメル＆プラハラードのいうところの「未来のための競争」とは，既存の市場の枠組みに"そった"競争ではなく，既存の市場の枠組みを"越える"競争，として理解すべきものなのである。これまでのアメリカ企業の敗因とは，その戦略的思考の軸足を"過去"や"現在"に置いていたために，日本企業が仕掛ける"未来"に軸足を置いた戦略によって，常に出し抜かれていた結果として理解することができる，というのである。

このことを意識することによって，はじめて自社の保有する経営資源に対する意識にも，大きな変化が生まれてくる。すなわち，「未来の産業構造」を新たに「構築」する，という前提に立てば，"過去"や"現在"の製品やサービスにとらわれずに済む。そして，こうした戦略的思考によって，ようやくアメリカ企業は"未来"に向けた競争に，その一歩を踏み出せるのである。

それにしても，コア・コンピタンスの戦略論では，数多くの日本企業とその成功ケースが紹介されている。つまり，同戦略論で展開されているコア・コンピタンスとは，まさに日本企業のそれを意味していることになる。"日本企業の中核的な力"こそが，コア・コンピタンスの正体，というわけである。では，こうした"日本企業の中核的な力"を解き明かせられれば，それはアメリカの悩めるビジネスリーダー達にとって，もっとも有益な情報となるはずである。

この点に関して，ハメル＆プラハラードの『コア・コンピタンス経営 (原題：*Competing for the future*)』の日本語版を担当した一條和生氏は，その「訳者あとがき」の中で次のように述べている。

「企業の力としてのコア・コンピタンスは最終的に，個々の社員のスキル，

---

[5] Hamel, G., and Prahalad, C.K., (1994), *Competing for the future*, Harvard Business School, p.22 (一條和生訳『コア・コンピタンス経営－未来への競争戦略』日本経済新聞社，1995年，41ページ).

ノウハウにまで分解される。本書を読んで改めてわかるのは，いわば組織内に分散している個々の暗黙知的なスキル，ノウハウを全体で共有して知を創造し，それを企業の力に転換していった点に，まさに日本企業の強みがあったということである。つまり，未来を展望し，組織の末端のレベルをも巻き込んで独自の企業力を育ててきた点に日本企業本来の強さがある[6]」

一條氏の指摘にあるように，日本企業のコア・コンピタンスが，「組織内に分散している個々の暗黙知的なスキル，ノウハウを全体で共有して知を創造」することであるとすれば，これまで戦略論が追い求めてきたものは，いわゆる"未来"に通用する知識（knowledge）であり，そうした知識を生み出すメカニズムである，といえよう。そして，こうした視点に立ち，その詳細を解き明かすべく登場したのが，野中郁次郎氏・竹内弘高氏による共著である『知識創造企業（原題：The Knowledge-Creating Company）』であった（Nonaka and Takeuchi, 1995）。

いわゆる，「知識ベース」，「知識創造」の戦略論と呼ばれる，「ナレッジ・マネジメント（knowledge management）」が，ここに登場するのである。その意味では，コア・コンピタンスの戦略論は，野中氏らナレッジ・マネジメントの戦略論の，いわば"橋渡し役"としての機能を果たしていたのかもしれない。

(3) ナレッジ・マネジメントという到達点

かの高名なチャンドラー（A.D.Chandler, Jr.）は，「『戦略』とは，将来の需要見通しに合わせて資源配分を計画することである[7]」という言葉を残している。前出の野中氏は，こうした戦略論の先行研究には，ある"暗黙の前提条件"が存在すると指摘する。

「ポーターをはじめ欧米の経営学者にとって，戦略の本質とは『選ぶこと』

---

6) 同5），471ページ（邦訳書のみ）。
7) Chandler, A.D. Jr., (1962), *Strategy and Structure: chapters in the history of the american industrial enterprise,* Cambridge, MA.：MIT Press, p.383（三菱経済研究所訳『経営戦略と組織』実業之日本社，1967年，483ページ）。

である。様々な分析ツールとロジックを駆使し，環境に関する与えられた情報と手持ちの資源に基づいてできるだけ正しい選択をすること，それが経営者の役割であると信じられている[8]」

図表 1 − 5　市場配置観，資源ベース企業，知識ベース企業の比較

	市場配置観	資源ベース企業	知識ベース企業
戦略の起点	魅力的な市場の選択（相対的優位性）	経営価値を生み出す内部資源は何か	自らが何をしたいのか・すべきかの認識（絶対価値）
コンセプト（ロジック）	市場構造（戦略的地位）が競争優位性を決定する	内部資源が競争優位を決定する。ただし競争戦略とは補完的（市場地位を実現するための内部資源に注目）	知識創造とそのための組織的システムが持続的価値をもたらす（競争でなく共創）
資　　源	経営資源 企業資源と戦略のフィット	希少で模倣・代替されにくい内部資源（多様な資源と能力）	知識資産と知識創造能力（知力） 知識資産を生み出すメカニズムがより重要
資源の保護	有限資源の戦略的配分	模倣困難性（による保護）	ダイナミックな資源（知識資産） 外部との知の共創
発展・多様性	環境変化への対応 市場の発見 業界構造の変化	資源の豊富さが市場多様性をもたらす	環境との融合：無境界エコシステム
コ ス ト	オペレーションコスト効率	取引コスト効率	相互作用コスト効率（共有，正当化，創造，保護）
戦略の意図	競争的意図 徹底的利益の追求・レントの追及	競争優位性の持続性	市場創造・顧客価値の最大化 自己価値・ビジョンの追求
戦略の実現	職能別組織・戦略計画 活動の首尾一貫性	資源の蓄積 模倣困難性の追求	有機的組織・ビジョン・「場」 組織的に共有された「型」

（出所）　野中・紺野（2003）104ページ。

すなわち，これまでの戦略論研究には，「組織や組織成員の能力が不変であるという暗黙の前提条件」が存在していたために，ここから「静的分析によって様々な条件が矛盾しないような最適解を論理によって求める」行為として，"戦略＝選ぶこと＝資源配分の最適化"という公式が絶対視されてきた，というわけである。しかし，その結果，アメリカのビジネスリーダー達が目の当たりにしてきたのは，次々に登場しては消えていく戦略論と，日本企業の絶え間ない躍進という現実であった。野中氏の戦略論では，まずこうした従来の戦略論の「暗黙の前提条件」を否定することからはじまる（図表1－5参照）。

ナレッジ・マネジメントの戦略論では，企業や人間の能力を一定なものとして捉えず，むしろそれらがあえて対立や矛盾を起こし，そこから各々の能力を「綜合」させることで，これまで一定と考えられていたレベルを超える能力を発揮できる，と主張している。つまり，野中氏らは，日本企業のコア・コンピタンスの正体とは，次の3つの戦略の「綜合力」であった，と主張しているのである（野中・遠山，2005）。

① 事前の計画立案よりも現場での実践を重視する戦略
　（＝「実践されるものとしての戦略」）
② 客観性や合理性よりも人間の主観を重視する戦略
　（＝「人間の主観としての戦略」）
③ 現状での利潤最大化よりも未来でのビジョン実現を重視する戦略
　（＝「未来をつくるものとしての戦略」）

ナレッジ・マネジメントの戦略論において，戦略とは「人間によって策定され，実践されるダイナミック・プロセス」であると定義されている。そして，そうした定義の内容は，現場を重視したトップの采配によって市場ニーズを的

8）野中郁次郎・遠山亮子・紺野　登（2004）「知識ベース企業理論－戦略経営のダイナミックな進化に向けて」『一橋ビジネスレビュー』ＡＵＴ．52巻2号，東洋経済新報社，79ページ。

第Ⅰ部 理論編

図表 1-6　SECIプロセス

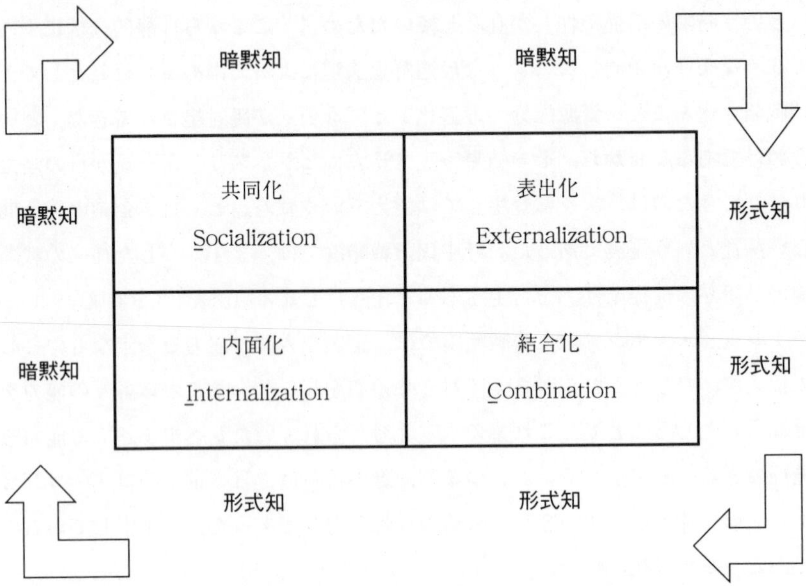

```
                暗黙知              暗黙知
         ┌──────────────┬──────────────┐
         │    共同化      │    表出化      │
  暗黙知  │  Socialization │ Externalization│ 形式知
         ├──────────────┼──────────────┤
         │    内面化      │    結合化      │
  暗黙知  │ Internalization│  Combination  │ 形式知
         └──────────────┴──────────────┘
                形式知              形式知
```

● 共同化とは……暗黙知から（をもとに）新たに暗黙知を得るプロセス ⇒ 身体・五感を駆使，直接経験を通じた暗黙知の共有，創出	個人から個人へ	組織的知識創造
● 表出化とは……暗黙知から（をもとに）新たに形式知を得るプロセス ⇒ 対話・思慮による概念・デザインの創造（暗黙知の形式知化）	個人から集団へ	
● 結合化とは……形式知から（をもとに）新たに形式知を得るプロセス ⇒ 形式知の組み合わせによる新たな知識の創造（情報の活用）	集団から組織へ	
● 内面化とは……形式知から（をもとに）新たに暗黙知を得るプロセス ⇒ 形式知を行動・実践のレベルで伝達，新たな暗黙知として理解・学習	組織から個人へ	

（出所）　野中・紺野（1999）111～112, 124ページ，を参考に筆者作成。

確に把握し，それを「SECIプロセス」と呼ばれる「組織的知識創造（organizational knowledge creation）」のメカニズムの中で具体的なイノベーション成果（＝製品）へと昇華させ（図表1－6参照），さらには現行の市場ニーズを超えた潜在的な（すなわち，"未来"の）市場ニーズをも新たに掘り起こしてきた，1980年代の日本企業の動きと照らし合わせて見ても，たしかに合致している。

5　21世紀の戦略論の行方

こうして日本企業の強さの秘訣，すなわちその戦略的思考の中身が，ようやく明らかにされることとなったわけである。ナレッジ・マネジメントの戦略論は，長年の間，アメリカのビジネスリーダー達が渇望して止まなかった，戦略論の1つの確立されたモデルであり，戦略的思考の1つの到達点であるといえよう。しかしながら，そのことは逆に，アメリカのビジネスリーダー達を長年苦しめ混乱させてきた一因が，実はナレッジ・マネジメントの戦略論の登場以前の戦略論そのものであったことを意味するように思われる。

本章では，戦略論の理論的系譜について単に登場年代順に羅列するだけでなく，特にその世代交代の背景に着目し考察を行ってきた。なぜならば，「過去のいかなる優れた理論もそれが生まれた時代を反映しており，またそれに制約されてもいる」からである（図表1－7参照）。

「したがって，環境の変化によって説明力を失った過去の理論を乗り越えて

図表1－7　課題と問題意識の変遷

	第1期 (1940〜50年代)	第2期 (1960〜70年代)	第3期 (1980年代)	第4期 (1990年代〜)
企業の課題	成　　長	安定成長	存　　続	成　　長
戦略論の問題意識	成　　長	計画化 多角化	学　　習	成　　長 (ダイナミック)

（出所）　河合（2004）25ページ。

第Ⅰ部　理　論　編

新たな理論を構築しようとする場合には，既存の理論の限界を，それが生まれた時代背景との関連で検討することが不可欠となる[9]」

たとえば，ポーターの戦略論は，1960年代のパックス・アメリカーナの全盛期を背景に「環境変化が比較的緩やかに推移している状況」において誕生した戦略計画の遺伝子を色濃く受け継いでいたがために，1980年代以降の「激変する環境に対処しなければならない[10]」アメリカ企業にとっては，そもそもはじめから馴染まなかったとの見方も成り立つであろう。これは決して戦略論だけに限ったことではないが，いくら理論的系譜を理論そのものの内容から眺め回したとしても，そこに歴史的視点が加わらなければ，本来そこから得られるべき多くの知見を見落とすリスクが高まることを，我々は常に意識しておかなければならないのではないだろうか。

いずれにせよ，こうした時代背景とともに行った理論的系譜の考察から図らずも明らかにされたこととは，日本企業との競争において長らくアメリカのビジネスリーダー達を苦しめてきた原因の1つが，実はその苦しみから解放せんがために構築されてきたものの，出発点が大きくズレていたアメリカ発の戦略論そのものにあった，という皮肉な事実であった。そして，現時点での戦略論の到達点として，アメリカ企業を追いつめてきた日本企業の戦略的思考を明らかなものとした，ナレッジ・マネジメントの戦略論を位置付けるにいたった。

つまり，本章の考察にあるとおり，そもそもの現代的な意味での戦略論研究の始まりは，1980年代以降の激化する日・米企業間競争を舞台として，日本企業の躍進に危機感を覚えたアメリカ企業のビジネスリーダー達が，その対処方法を求めたことにさかのぼることができるのである。よって，野中氏らのナレッジ・マネジメントの戦略論の登場により，ようやく当初の目標はクリアされたわけであるが，ではここに戦略論の世界は一応の完結を見るのであろうか。決してそうではない。なぜならば，1990年代以降からは，今度はナレッジ・マ

---

9)　河合忠彦（2004）『ダイナミック戦略論－ポジショニング論と資源論を超えて』有斐閣，24ページ。
10)　十川廣國（1997）『企業の再活性化とイノベーション』中央経済社，46ページ。

ネジメントを実践してきたはずの日本企業が，数々の難局に直面する事態となったからである。そして，21世紀の現在もそうした状況は好転していない。

ここで興味深い点は，現在，日本企業が直面している問題やその状況が，かつて1980年代にアメリカ企業が直面したそれと酷似しているということである。すなわち，ITやバイオといったハイテク産業分野において，多くの戦略的思考のエッセンスを日本企業から学習したアメリカ企業が，バブル崩壊後に急激に失速した日本企業に対し，今度は攻勢を強めつつある。そして，現在ではそうした優良なアメリカ企業の戦略的思考を，逆に低迷する日本企業が学習する番にあるとされる。

たとえば，これまで「規模・範囲の経済」においては圧倒的な強みを発揮してきた日本企業も，多様な外部資源・組織との連携・協調によって経営スピードを上げる「速度の経済」においては，従来までのような戦略的成功を容易に実現できないでいる（野中，2001）。激動の21世紀に生き残るためには，これまでの固定観念に捉われない大胆なケイパビリティの，いわば連続的なリストラクチャリング（restructuring）やアンバンドリング（unbundling）が必要となるとされている。

そうした声に応えるかのように，現在ではティース（D. J. Teece）を筆頭とする，「ダイナミック・ケイパビリティ（dynamic capabilities）」の戦略論が，注目を集めつつあるように思われる。ダイナミック・ケイパビリティとは，「急速に変化し続ける環境に対処するために企業内外のコンピタンスを統合，建設，そして再構築する企業能力[11]」のことであるという。細部の主張は異なるものの，近年の戦略論の基本的文献の多くは，21世紀の競争環境および競争資源のキーワードとして，いずれも"ダイナミック"という言葉を使用しているが，これは決して単なる偶然ではない（Day and Reibstein, 1997; Cusumano and Markides, 2001）。

国境を越えたM&A（merger and acquisition）や戦略的な提携（strategic alliance），

---

11) Teece, D. J., Pisano, G., and Schuen, A., (1997), "Dynamic Capabilities and Strategic Management," *Strategic Management Journal*, Vol. 18, No. 7, p. 516.

アウトソーシング（out-sourcing），そしてこれまで自前主義が当たり前であったR&D組織をも市場調達することでスピード経営を目指すA&D（acquisition & development）など，21世紀の企業を取り巻く環境は，企業に対してより動的なナレッジやケイパビリティの活用を求めつつある。そこでは，ナレッジ・マネジメントの戦略論が「コア・ケイパビリティ（野中, 2001）」として最重要視し，安易な外部調達・放出を否定してきた「人間」さえも，ダイナミックに活用すべき1つのリソースとして位置付けられている。なぜならば，ナレッジ・マネジメントの戦略論にとっても，21世紀の「新しい知の創造」には，やはり上記のような「外部からの知」との「綜合」が不可欠であるからである（野中, 2005）。

その意味では，21世紀の戦略論では，"未来"に向けた知識創造の源泉であり，だからこそグローバルな活用が期待される「人間」あるいは「個人」の取扱いが，より重要な論点として浮かび上がることは間違いない。そこでのキーワードは，そうした「人間」あるいは「個人」の無限の可能性を引き出す組織の「文化的多様性」であり，かつ異文化組織をまとめあげる強力な「企業文化」や「リーダーシップ」，というものになるのではないだろうか。そして，そうした兆しは，本書に登場する最新のケーススタディからも，やはり確認することができる。その意味でも，戦略論の世界は，まだまだ"完結"しそうもない。

【参考文献】

Ansoff, I., (1965), *Corporate Strategy,* New York：McGraw-Hill（広田寿亮訳『企業戦略論』産業能率短期大学出版部, 1969年）．
青島矢一・加藤俊彦（2003）『競争戦略論』東洋経済新報社。
淺羽 茂（2004）『経営戦略の経済学』日本評論社。
Barney, J. B., (2002), *Gaining and Sustaining Competitive Advantage,* Prentice Hall（岡田正大訳『企業戦略論－競争優位の構築と持続＜上・中・下＞』ダイヤモンド社, 2003年）．
Boyett, J., and Boyett, J., (1998), *The Guru Guide：the best ideas of the top management thinkers,* John Wiley & Sons（金井壽宏監訳／大川修二訳『経営革命大全－世界をリードする79人のビジネス思想』日本経済新聞社, 1999年）．
Chandler, A. D. Jr., (1962), *Strategy and Structure：chapters in the history of the*

amerian industrial enterprise, Cambridge, MA.：MIT Press（三菱経済研究所訳『経営戦略と組織』実業之日本社，1967年）.

Cusumano, M, A., and Markides, C. C., (eds.)(2001), *Strategic thinking for the next economy,* Jossey-Bass（グロービス・マネジメント・インスティテュート訳『MITスローン・スクール戦略論』東洋経済新報社，2003年）.

Day, G. S., and Reibstein, D. J., (eds.)(1997), *Wharton on Dynamic Competitive Strategy,* John Wiley & Sons（小林陽太郎監訳／黒田康史・池田仁一・村手俊夫・荻久保直志訳『ウォートンスクールのダイナミック競争戦略』東洋経済新報社，1999年）.

Ghemawat, P., (2001), *Strategy and the Business Landscape:core concepts,* Prentice Hall（大柳正子訳『競争戦略論講義』東洋経済新報社，2002年）.

Hamel, G., and Prahalad, C. K., (1994), *Competing for the future,* Harvard Business School（一條和生訳『コア・コンピタンス経営－未来への競争戦略』日本経済新聞社，1995年）.

伊丹敬之（2003）『経営戦略の論理＜第3版＞』日本経済新聞社.

河合忠彦（2004）『ダイナミック戦略論－ポジショニング論と資源論を超えて』有斐閣.

丸島儀一（2002）『キヤノン特許部隊』光文社新書.

Minzberg, H., (1994), *The Rise and Fall of Strategic Planning,* Prentice Hall（中村元一監訳／黒田哲彦・崔　大龍・小高照男訳『「戦略計画」創造的破壊の時代』産業能率大学出版部，1997年）.

Nonaka, I., and Takeuchi, H., (1995) *The Knowledge-Creating Company:how Japanese companies create the dynamic innovation,* Oxford University Press（梅本勝博訳『知識創造企業』東洋経済新報社，1996年）.

野中郁次郎・紺野　登（1999）『知識経営のすすめ－ナレッジマネジメントとその時代』ちくま新書.

野中郁次郎（2001）「綜合力：知識ベース企業のコア・ケイパビリティ」『一橋ビジネスレビュー』WIN.49巻3号，東洋経済新報社.

野中郁次郎・紺野　登（2003）「『知識ベース企業』で何が見えてくるのか」『一橋ビジネスレビュー』WIN.51巻3号，東洋経済新報社.

野中郁次郎・遠山亮子・紺野　登（2004）「知識ベース企業理論－戦略経営のダイナミックな進化に向けて」『一橋ビジネスレビュー』AUT.52巻2号，東洋経済新報社.

野中郁次郎・遠山亮子（2005）「フロシネスとしての戦略」『一橋ビジネスレビュー』WIN.53巻3号，東洋経済新報社.

野中郁次郎（2005）「知識社会と企業」日本経済新聞社編『資本主義の未来を問う：変貌する市場・企業・政府の関係』日本経済新聞社.

岡田正大（2001）「RBVの可能性－ポーターvs.バーニー論争の構図」『DIAMONDハーバード・ビジネス・レビュー』5月号，ダイヤモンド社.

第Ⅰ部 理 論 編

Penrose, E. T., (1959), *The Theory of the Growth of the Firm,* Oxford:Basil Black-well（末松玄六訳『会社成長の理論』ダイヤモンド社，1980年）.

Porter, M. E., (1985), *Competitive Advantage : Creating and Sustaining Superior Performance,* The Free Press（土岐　坤・中辻萬治・小野寺武夫訳『競争優位の戦略—いかに高業績を持続させるか』ダイヤモンド社，1985年）.

Saloner, G., Shepard, A., and Podolny, J., (2001), *Strategic Management,* John Wiley & Sons（石倉洋子訳『戦略経営論』東洋経済新報社，2002年）.

十川廣國（1997）『企業の再活性化とイノベーション』中央経済社.

Teece, D. J., Pisano, G., and Schuen, A., (1997), "Dynamic Capabilities and Strategic Management," *Strategic Management Journal,* Vol. 18, No. 7.

ポーター賞サイト＜URL http://www.porterprize.org/＞

第2章
経営戦略論における競争優位研究の展開

　本章では，経営戦略論の学説展開について，競争優位の源泉という概念に焦点を当てることで整理検討を行っている。本章の構成は以下の通りである。まず競争優位概念の形成過程について説明を行い，その概念を普及させたと考えられる競争戦略論についてみる。そして，その競争戦略論への批判的検討から展開された持続的競争優位概念に基づく資源ベース論，能力ベース論についてみる。また近年において注目を集めている議論に対しても，能力ベース論の立場からの説明を行う。

1　競争優位とは

　本章の目的は第1章に引き続き，経営戦略論の学説展開についてレビューを行うことにある。そしてこのレビューにおいて，特に「競争優位の源泉」という概念に焦点を当てることで，経営戦略論の諸説を整理検討することにある。本章で「競争優位の源泉」という概念に着目する理由は，経営戦略論の学問領域において「競争優位とは何か」の議論，あるいは「競争優位は如何に構築できるか」の議論が活発に行われているためである。そしてこのような議論が活発になされている理由としては，企業が競争相手（企業）よりも優位に立つことが当該企業の維持・成長につながり，企業の存続という現代企業としての要件を可能にすると考えられているためである。本章ではこうした理由から，経

営戦略論の諸説について「競争優位の源泉」の観点からの説明を展開する。

2 競争優位概念の形成と競争戦略論

(1) 競争優位概念の形成過程

まずは経営戦略論における競争優位概念の形成過程について簡単にみてみたい。経営戦略論は主として企業のとるべき方向に関して議論する学問領域であることから，企業とその外部環境との関係について検討がなされてきた。そして外部環境の中でも競争相手との関係について，特に競争相手よりも優位性を保つことについて，多くの考えが提示されてきた。たとえば，戦略策定に関する議論を展開したホファーとシェンデル（Charles W. Hofer and Dan Schendel）によると，アンゾフ（H. Igor Ansoff）やユイターホーヴェン，アッカーマン，ローゼンブルーム（Hugo Uyterhoeven, Robert Ackerman and John W. Rosenblum）が競争優位の源泉について言及しているとしている。それぞれの論者の主張についてみると，アンゾフは競争優位をもたらすものを企業に強力な競争上のポジションを与える個々の製品・市場の特性と定義し，ユイターホーヴェンらはそれを企業の特定の製品・市場セグメントに対するスキルと資源の適用の仕方によると定義している。そしてホファーとシェンデル自身は競争優位をもたらすものを製品・市場ポジショニングあるいは独自の資源展開のいずれかによるとしている[1]。

ただしこのような競争優位に関する議論は，当時の経営戦略論において中心的なテーマであったわけではなく，あくまでその一部に過ぎなかった。この理由としては，アンゾフに代表される経営戦略論初期の論者が，議論の焦点を企業成長の方法としての多角化に当てていたためと考えられる。したがって競争

---

1) Charles W. Hofer and Dan Schendel (1978) *Strategy Formulation : Analytical Concepts,* The West Publishing Co., p. 26, (奥村昭博・榊原清則・野中郁次郎訳『戦略策定―その理論と手法―』千倉書房，1981年，31～32ページ)。

に関する議論は，多角化された複数の事業部のうちの1事業部の活動を対象としたものに過ぎず，多角化そのものの議論よりも優先度が低かった，というものである。

それでは競争優位概念は，いつ頃から脚光を集めるようになったのだろうか。それは，ポーター（Michael E. Porter）が競争戦略論（Porter, 1980）を展開してからであると考えられる。ポーターは，それまでのように市場成長が当然ではない企業環境を前提として，当該企業が属する業界での競争を重視し，競争に関する戦略の提示を行った。そして，周知のようにこの競争戦略論が学界のみならず実業界においても広く受け入れられたことによって，この競争戦略論の主たるテーマである競争優位概念に対しても従来以上に関心が高まる結果となった。競争優位に関する議論は，ポーターの競争戦略論を契機として，経営戦略論において中心的なテーマとなり，以後多くの議論が展開されることになったというものである。

(2) 競争戦略論の展開

それではポーターの競争戦略論とはどのようなものであったのであろうか。そしてポーターが提示した競争優位の源泉とはどのようなものであったのであろうか。第1章でも説明がなされているが，本章でもそのポイントに触れておきたい。

ポーターの競争戦略論の特徴は企業を取り巻く環境を重視している点である。ポーターは競争戦略を策定する際の決め手を企業とその環境との関係にあるとし，そのためには業界の構造分析と競争業者分析が必要であるとする。こうしたアプローチは，産業組織論の「市場構造→市場行動→市場成果」というパラダイムを援用したものであるといわれる。すなわち業界の構造が企業の行動に影響を与えその結果として成果がもたらされるというものであり，換言すると企業は業界構造分析を前提にしなければ的確な競争戦略を策定できないという考えである。業界構造分析について詳しくみると，ポーターは業界の競争と収益性に影響を与えるものとして，5つの競争要因をあげている。この5つの競

争要因とは，①新規参入業者の脅威，②既存競争業者間の敵対関係の強さ，③代替製品からの圧力，④買い手の交渉力，⑤売り手の交渉力，である。ポーターは，これらの要因を分析することで自社の長所と短所を認識でき，ひいては業界内における自社の適切な位置を理解することができるとしている。そしてポーターは，これら分析を踏まえた上でしかるべき競争戦略を策定できるとして，5つの競争要因ごとに防御可能な地位をつくり出すための攻撃あるいは防御のアクションを提示している。さらに，この競争戦略における基本的なものとして，①コスト・リーダーシップ，②差別化，③集中，という戦略の提言も行っている。

　このようなポーターの競争戦略論から，彼の提示した競争優位の源泉が明らかになろう。競争戦略論は5つの競争要因ごとの防御可能な地位をつくり出すことを重視したものであることから，ポーターは企業の企業環境との関係，特に業界内における企業の位置取りこそが競争優位をもたらすと考えている，といえる。さらにそのような業界内の位置取りを可能にするものにまで言及するならば，ポーターは競争優位の源泉を業界構造や競争業者の分析にあると考えている，といえよう。したがってポーターの競争優位概念の特徴は，企業の業界内の位置取りという企業の外部要因を重視したものであるとまとめられる。

3　持続的競争優位概念の登場

(1)　競争戦略論に対する批判

　ポーターの競争優位に関する議論は，上述のように学界をはじめとして広く受け入れられたことから，以後の競争優位研究に強い影響力を与えることになった。しかしながらその影響力の大きさゆえに，批判や反論も多くなされ，経営戦略論の領域において競争優位に関する議論がより活発になされる結果となった。

　そこでポーターに対する批判的検討についてみると，その主旨は，2つの観

点にまとめることができる。1つは時代背景によるもの，もう1つはポーターの議論の内容に関するもの，である。無論，2つの批判は相互に関連し合うものであり，別個に独立したものではない。

(2) 時代背景による批判

　前者の時代背景による批判とは，競争戦略論が提示された時期に比べて企業を取り巻く環境が劇的に変化したことに起因している。ポーターが競争戦略の議論を展開した当時は，彼自身も言及しているように，経済成長が鈍化したことによってアメリカ国内市場での競争が激化した時期であり，また日本企業の躍進によってアメリカ，西ヨーロッパの企業が大きな打撃を受けた時期である。アメリカ企業にとっては，それまでの第二次大戦後の繁栄を享受した安定的な企業環境から，常に競争を意識せざるをえない不安定な企業環境に変化したといえる。したがって考慮すべき経営戦略としても，将来的にも安定が予想される企業環境を前提とする長期計画的な全社戦略から，競争を意識した事業レベルの戦略に変化したというものである。しかしながら，競争戦略論の登場以降，特に1990年代以降になるとグローバル化やIT化の進展などによって企業環境はより一層激しい変化をみせるようになった。この環境変化は過去の変化の延長線上で生じているのではなく，不連続で不確実な変化であり，いわば激変という状況になっている。

　それゆえこのような時代背景の変化から，ポーターの競争戦略が想定していた業界構造の枠組みに対して妥当性が問われることになった。たとえば，ポーターの提示した5つの競争要因は業界という枠組みで考えられていたが，不連続で不確実な環境変化のもとでは業界を超えた競争が生じる場合が多々ある。さらにそのような状況下では，業界構造自体が決して安定したものではなく，競争要因が成立しない場合がある，というものである。このように時代背景の変化により議論の前提の妥当性が疑われたことから，当然のごとく競争優位の議論に対しても妥当性が問われることになった。不連続で不確実な環境変化のもとにおいて業界構造の枠組みに妥当性がないのならば，ポーターが競争優位

をもたらすものとして考えた業界内における企業の位置取りも妥当性がないというものである。またこのことから，ポーターの競争優位概念は，一時点における競争優位の獲得という静態的な説明ができても，環境変化のもとでも競争優位を持続するという動態的な説明が不可能，という批判につながることになった[2]。

このような時代背景の変化に拠るポーター批判，いわばポーターの競争優位概念の限界は，競争優位の議論に新たな展開をもたらした。ポーターの議論では十分に説明できない競争優位の動態的な側面が着目されたことで，競争優位を長期にわたって保ち続けるためにはどうすべきかを考慮する持続的競争優位の概念が創出されたというものである。

(3) 外部要因重視への批判

後者の内容に対する批判とは，文字通りポーターが展開した議論の内容について妥当性を問うものである。前述のようにポーターの競争戦略論の特徴は，企業の業界内の位置を重視し，その位置取りのために業界構造分析を基盤とした基本戦略の策定を行うという，競争優位の源泉として企業の外部状況を重視する点にあった。内容に対する批判とは，このようなポーターの外部要因重視の主張に対して，企業組織内部への着目がなされていないという指摘である。こうした批判としては，ミンツバーグ，アルストランド，ランペル（Henry Mintzberg, Bruce Ahlstrand and Joseph Lampel）によるものが代表的である。ミンツバーグらは，ポーターの議論をポジショニング・スクールと名付けて検討を行っているが，この「ポジショニング」とは業界内の位置取りを重視するというポーターの議論の特徴を表現したものである。ミンツバーグらのポーターに対する見解は，このような呼称の仕方にもあらわれているが，端的なものは次の指摘である。彼らは，ポーターらポジショニング・スクールに対して，総体的にこのスクールが内的能力を犠牲にしながら，特に業界や競合といった外

---

[2] 河合忠彦（2004）『ダイナミック戦略論　ポジショニング論と資源論を超えて』有斐閣，36～45ページ。

部状況に目を向けすぎる,と述べている[3]。これは,ポーターが競争優位の源泉として内的要因である企業組織の問題を軽視している,との批判であろう[4]。

さらにミンツバーグらは戦略策定概念の違いについても言及している。彼らが提示する戦略概念の特徴は,戦略のタイプを意図された戦略と実現された戦略に分け,そのプロセスとして,計画通りすべてが実現に向かう戦略方向を計画的戦略,そして意図されない変更がなされ実現された戦略に導く戦略方向を創発的戦略,としている点である。彼らにとっての戦略とは,計画的に策定されるだけではなく,学習を通じて創発的に形成される場合もある,というものである[5]。このようなミンツバーグらの観点からすると,ポジショニング・スクールの戦略策定は過度に計画的なものであり,創発的戦略を生み出すはずの戦略的な学習の機会を損なうものである。つまりポジショニング・スクールでは,トップ・マネジメントが形式的な分析に基づいて戦略策定を行い,下部組織がその実行を行うという具合に思考と行動が分かれているため,組織を構成する人々にとって重要なことが策定された戦略を計画通り遂行することになり,創造的な発想や活動の余地がなくなるというものである。したがって,こうした戦略策定の担い手,プロセスの問題においても,ポーターの議論では組織内部の問題を重視していないという上記の批判につながることになる。

(4) 持続的競争優位概念へ

このようにポーターの競争優位概念に対する批判は,時代背景によるものと議論の内容に関するものというどちらの観点においても,企業の外的要因を重

---

3) Henry Mintzberg, Bruce Ahlstrand and Joseph Lampel (1988) *Strategic Safari : A Guide Tour Through the Wilds of Strategic Safari,* the Free Press, pp. 82–122(齋藤嘉則監訳,木村 充・奥澤朋美・山口あけも訳『戦略サファリ 戦略マネジメント・ガイドブック』東洋経済新報社,1999年,81〜127ページ).

4) ただし,ポーターは1985年の著作においてバリューチェーンという新たな概念を提示することで組織内部についても言及を行っており,その書においては組織内部の問題を完全に無視しているわけではない(Porter, 1985).

5) Henry Mintzberg et al. (1988) pp. 9–15(前掲訳書,10〜17ページ).

視しすぎている点が問題視されたものであった。環境の激変という時代背景を踏まえると企業の外的要因に着目するだけでは一時的な競争優位しか説明できない，また競争優位をもたらすものとして企業の外的要因を重視し内的要因である企業組織の問題を軽視している，というものであった。したがって，このような批判から，競争優位に関する議論は，企業環境の変化を踏まえて，一時的な競争優位ではなく競争優位を持続的に獲得することを重視するようになり，そしてその持続的競争優位をもたらすものとして，企業の内的要因である組織内部の問題についても検討することが重要になった。すなわち不連続で不確実な環境のもとで競争優位を常に更新し続けるには，環境の変化に対応し，時には環境に自ら働きかけることができるような企業組織内部のあり方が問題になるというものである。1990年代以降の競争優位に関する議論は，このような企業組織内部を扱うものが中心になったといえる。

4 持続的競争優位の源泉

(1) 持続的競争優位概念のアプローチ

それでは1990年代以降に競争優位の議論の中心的な役割となった「資源ベース論」と「能力ベース論」についてみていきたい。両アプローチともに企業組織内部に持続的競争優位の源泉を見出す議論である。

(2) 資源ベース論
① 資源ベース論とは

競争優位の源泉としての企業組織内部への着目は，まずは資源ベース論と総称されるアプローチによって展開された。この資源ベース論は，1984年のワーナフェルト（Birger Wernerfelt）の論文に端を発するものであるが[6]，その後多くの論者によって展開されたアプローチである。このアプローチの特徴は，企業が保持する資源こそが持続的競争優位をもたらす要因であるとする点であ

る。ワーナフェルトは，このような「資源」の具体例として，ブランド，組織内における技術的知識，熟練人材の雇用，取引交渉，機械，効率的な手順，資本をあげている。さらにワーナフェルトは，資源ベース論者間の共通の認識として，「資源」とは固定投入であり，また経済的な価値に関して模倣が難しくそして稀少な資源が持続的競争優位をもたらすもの，としている[7]。

② VRIOフレームワーク

このような資源ベース論の流れにおいて，近年，注目を集めている学説は，第1章でも説明があったバーニー (Jay B. Barney) のVRIOフレームワークである (Barney, 2002)。バーニーは企業の戦略を，各企業が持つ競争優位を生み出すためのセオリーと定義し，そのような競争優位をもたらす戦略が備えるべき属性について，外部環境における脅威を無力化し，外部環境における機会と自社の強みを活用すると同時に，自社の組織が持つ弱みを回避もしくは克服できるもの，としている。そこでバーニーはこのような戦略策定のために，まずは外部環境の脅威と機会を分析する枠組みを提示する。バーニーはこの外部環境の脅威と機会を分析するものとしてポーター同様に産業組織論の「市場構造→市場行動→市場成果」の考えに着目し，それをS-C-Pモデル (Structure-Conduct-Performance model) と呼ぶ。そしてそのS-C-Pモデルに基づいて，脅威についてはポーターの5つの競争要因分析を，機会については業界構造の分類と戦略グループ概念とをそれぞれ有益なツールとしてあげている。しかしながらこれらS-C-Pモデルついては，①企業利益と業界参入に関する前提，②非効率な企業戦略の役割，③限定された企業異質性の前提，といった考慮すべき限界があるとしている。特に限界の3つ目はS-C-Pモデルの分析単位の限界によるものであるが，戦略選択の一般モデルには企業の外部環境だけではなく組織

---

6) ワーナフェルトは，最初に企業を資源の集合体として着目したのはペンローズ (Edith T. Penrose) であるとしている (Birger Wernerfelt (1984) "A Resource-Based View of the Firm", *Strategic Management Journal*, 5, p.171)。
7) Birger Wernerfelt (1997) "Foreword", in Nicolai J. Foss (ed.), *Resources, Firms, and Strategies: A Reader in the Resource-Based Perspective*, Oxford University Press, p. xvii.

内部の分析も必要との観点から，企業独自の特性を考慮した企業の強みと弱みを分析するフレームワークが必要であるとしている。バーニーはそのフレームワークこそが資源ベース論であるとし，その定義や前提に基づいた一般適用可能なフレームワークとしてVRIOフレームワークを提示している。このVRIOフレームワークとは，企業活動に関して①経済価値 (Value)，②希少性 (Rarity)，③模倣困難性 (Imitability)，④組織 (Organization) を問うものである。①の経済価値は，企業の保有する経営資源が外部環境の脅威や機会に適応することを可能にするか，を問うものであり，②の希少性は，経済価値のある経営資源がどのくらい多くの競合企業によって保有されているか，を問うものである。バーニーはこれら経済価値がありかつ希少な資源が競争優位の源泉になるとしている。③の模倣可能性は，経営資源を保有しない企業はその獲得に際しそれをすでに保有する企業に比べてコスト上不利であるか，を問うものであり，バーニーはこのような経済価値がありかつ稀少で模倣困難な資源を持続的競争優位の源泉としている。④の組織は，企業は自社が保有する経営資源を十分に活用できるように組織されているか，を問うものであり，それが問われる構成要素として公式の命令・報告系統，マネジメント・コントロール・システム，報酬体系などをあげている。バーニーはこれらの要素を補完的な経営資源として，他の経営資源と組み合わされた場合に競争優位をもたらすとしている。すなわち経済価値があり，希少であり，模倣困難である，という資源を有し，かつそれを活用できる組織を有している企業が持続的競争優位を獲得できるというものである。

(3) 資源ベース論の問題点

さて，このような資源ベース論に対しては，次のような問題点が指摘されている。十川によると，資源ベース論で想定されている「資源」は蓄積された結果，つまりストックとしての資源を想定している。そのため資源ベース論では，資源が蓄積されていくプロセスや資源それ自体の改善・開発といった問題はその検討の範囲内にない，とされる。すなわち蓄積された一定の資源をいかに配

置して競争優位を確立するかというトップ・マネジメントの意思決定問題を明らかにできても，組織が資源活用能力の改善を試み，あるいは技術的資源の改善をはかるといったプロセスを説明しきれない。したがって，競争優位は絶えず時間経過とともに更新されるべきという持続的競争優位の概念からすると，継続的なイノベーションの問題を扱わない資源ベース論では持続的競争優位の源泉を十分に説明できない，というものである[8]。

同様の指摘をミンツバーグらにもみることができる。彼らは資源ベース論に対する重要な疑問として，①組織はどのようにして企業の特有の能力を開発するのか，②組織はどのようにして既存の能力を補完，もしくは代替する，新しい能力を開発することができるのか，③何が成功に結びつく開発への道筋を決定するのか，④企業の集合的な能力はどのように判断し，あるいは評価することができるのか，といったことをあげている。そして資源ベース論の問題点として，すでに存在するものをあまりにも簡単に説明する一方でこれから何が生じるかという問題を避けていること，としている。ミンツバーグらも，資源ベース論がストックとしての資源を想定し資源の獲得や改善といったプロセスの部分に言及していない点を問題視しており，したがって資源ベース論が時間の経過による変化を説明できないと指摘している[9]。

さらにこのような資源ベース論の時間的経過に対する説明の不十分さに関しては，バーニー自身がVRIOフレームワークの限界の1つとして言及しているものでもある。バーニーは劇的な環境の変化のもとでは競争優位を維持することが困難になると述べている[10]。この言及には，バーニーのVRIOフレームワークが環境の変化に応じて「資源」を活用，修正，開発するといったことを想定していないことがあらわれている。

---

8) 十川廣國（2002）『新戦略経営・変わるミドルの役割』文眞堂，32～33ページ。
9) Henry Mintzberg et al. (1988) pp.279-282（前掲訳書，298～302ページ）.
10) Jay B. Barney (2002) *Gaining and Sustaining Competitive Advantage*, Second Edition, Pearson Education Inc., p.183（岡田正大訳『企業戦略論（中）事業戦略編―競争優位の構築と持続―』ダイヤモンド社，2003年，287～288ページ）.

第Ⅰ部 理論編

　これらの指摘から，資源ベース論は安定した環境を前提としてあくまで現時点の競争優位とそれに対応する既存の資源を考えるという静学的な分析であり，持続的競争優位の概念を念頭に置いているもののその説明には限界がある，とまとめられよう。

(4) 能力ベース論
① 能力ベース論とは

　上記のような資源ベース論に対する指摘を踏まえた企業組織内部に関する議論が，能力ベース論と総称されるアプローチである。この能力ベース論は，競争優位の源泉を企業内部の要因にあるとみる点では資源ベース論と意見を同じくするものの，資源ベース論では説明が不十分であった資源の開発や更新を念頭に置き，それを可能にするものとしての組織のプロセスに注目するアプローチである。

　具体的には，既存の経営資源を活用する，あるいは新たな経営資源を開発する，といった組織の能力を持続的競争優位の源泉として着目し，そのような組織能力をいかに向上させるかについて議論するものである。また，組織のプロセスに注目する前提としては，上述のミンツバーグらの主張のように，戦略はトップ・マネジメントら組織の上層部が策定するだけのものではなく組織全体から創発的に形成されるものもあるとする。

　したがって能力ベース論では，組織の問題を考慮した戦略の議論が行われる，あるいは戦略的な観点から組織の議論が行われるというものであり，これまで別々に議論が展開されてきた戦略論と組織論の融合がみられるものである。それゆえ能力ベース論は，組織プロセスの問題をブラックボックスと処理している資源ベース論に比べて，企業組織内部の要因についてより深く着目している議論であるといえよう[11]。

② 組織能力の概念

　このように能力ベース論が想定する持続的競争優位の源泉は資源活用能力に代表される組織能力にあるとされる。より具体的には，持続的あるいは長期的

な競争優位は継続的な新製品や新事業の創出によって可能となるが，その新製品や新事業の創出は経営資源を活用する組織能力によっている，という考えである。それでは組織能力とは如何なるものであろうか。それは言葉の通り考えると組織の能力となるわけだが，その組織の能力とは一体どのようなものと定義できるであろうか。

そこで組織能力概念についてみてみると，それは様々な研究領域で扱われている概念といわれている。たとえば，ドッシ，ネルソン，ウィンター（Giovanni Dosi, Richard R. Nelson and Sidney G. Winter）の指摘によると，組織能力の概念を用いている研究領域は，ネルソンとウィンターに代表される組織の経済学，本章の展開にみられるような経営戦略の議論，シュムペーター（J. Schumpeter）を起源としヘンダーソンとクラーク（R. M. Henderson and Kim B. Clark）やクリステンセン（Clayton M. Christensen）などによる技術革新の議論，チャンドラー（Alfred D. Chandler, Jr.）による経営史研究，国家レベルにおける経済発展プロセスの議論など多岐にわたっている[12]。無論，こうした研究領域の区分けについては明確な線引きがあるわけではなく論者や分析視角によって異なるものであるが，それでも組織能力概念を扱っている範囲が広いことはたしかである。そして，組織能力概念がその広い範囲のすべての文脈に適した絶対唯一的な概念となりえないことは容易に想像ができよう。

そして，そのように広い範囲で扱われている概念であることをあらわすように，組織能力をあらわす用語も単に「組織能力」だけではなく，たとえば，ケイパビリティ，オーガニゼーション・ケイパビリティ，コア・ケイパビリティ，

---

11) ただし論者によっては，本節で示すような能力ベース論を資源ベース論の範疇にあるものとし，明確な区別を行っていない場合もある。また資源ベース論と能力ベース論とを区別する場合でも，ある学説をどちらに分類するかは論者によって違いがある。

12) Giovanni Dosi, Richard R. Nelson and Sidney Winter (2000) "Introduction: The Nature and Dynamics of Organizational Capabilities", in Giovanni Dosi, Richard R. Nelson and Sidney Winter, (eds.), *The Nature and Dynamics of Organizational Capabilities,* Oxford University Press, pp. 11-18.

コンピタンス，コア・コンピタンスなど多岐にわたっている。しかも，これらの用語は，それぞれが明確に定義された意味を有するわけではなく，論者や分析視角によって曖昧に用いられているようである。

このように組織能力の概念についてみると，組織能力は様々な研究領域で用いられ，かつその用語法が曖昧であることから，明確に定義することが難しい概念といえる。しかし，それでも1つの定義として，本章がこれまで考察してきた流れにおける経営戦略論の学問領域，特に能力ベース論の立場からその概念の定義を行うと，組織能力とは様々な資源を独自の方法で組み合わせて価値を創造する能力と捉えることができる。また，そのような価値創造を可能にするという観点から，人間の創造性の発揮を促しさらには横断的な組織の協力などが絶えず行いうるような組織の状態とも捉えられる。より具体的にいえば，トップ・マネジメントが強いリーダーシップを発揮し企業文化を改善することで，従業員の創造性の発揮を促し，また横断的な組織の協力を可能にし，新製品や新事業の開発を可能とするという，いわば定性的な能力と定義できよう。

③ 組織能力の構築と向上

能力ベース論の観点からは組織能力概念を以上のように定義することができるが，いずれの観点の定義に依存するにせよ持続的競争優位の獲得を問題とするならば，上述のように，企業が組織能力を有しているかどうかの問題が重要になる。

しかしながら，この問題では単に組織能力の保持のみが議論の対象となるわけではない。資源を活用する「能力」の保持のみで競争優位が得られるのであれば，「資源」の保持で競争優位の獲得につながるとする資源ベース論の想定と変わらないためである。すなわち「資源」という表現を「能力」に変えただけになり[13]，議論の本質は変わらないためである。繰り返しとなるが能力ベース論は，あくまで組織能力の保持のみを問題とするのではなく，組織能力を如何に構築するかのプロセス面を議論の中心とするものである。この点に，資源ベース論からあえて明確に分離した議論としてまとめられている理由があるといえよう。

さらに，能力ベース論では，組織能力の構築だけでなく，その向上や更新についても議論の重要な対象としている。これは，レオナルド-バートン（D. Leonard-Burton）のコア・リジディティの議論やティース，ピサノ，シェーエン（David Teece, Gary Pisano and Amy Shuen）らのダイナミック・ケイパビリティの議論にみられるように，組織能力は硬直化するものであり，環境変化に対応した組織能力の更新が必要である，という考えに立っている。そしてこの組織能力の更新についても，企業環境の変化に対応して自社が保持している組織能力を変化させるプロセスが重視されるというものである。

それでは能力ベース論では，組織能力の構築，向上，更新に関してどのような観点から議論するのであろうか。能力ベース論ではそれらの議論をマネジメントの問題として捉えている。これは上述の能力ベース論における組織能力の定義からすれば想像が容易であろう。能力ベース論では，組織能力はマネジメントによって構築され，向上，更新が可能となる，と考えられる。より具体的には，組織能力の構築，向上，更新という観点において，トップ・マネジメントのリーダーシップやビジョン，それを受けたミドル・マネジメントのリーダーシップやエンパワーメント，組織構造や企業文化，モチベーションといったマネジメントの諸問題について議論が行われることになる。

④ コア・コンピタンス論

それでは，このような能力ベース論の一例としてコア・コンピタンス論とそれを実現するためのマネジメントの議論についてみてみたい。組織能力を重視する議論は様々な展開をみせており，数多くの研究がなされているが，その中でもプラハラードとハメル（C.K. Prahalad and Gary Hamel）によるコア・コンピタンス論（Prahalad and Hamel, 1990）は代表的な研究の1つとして位置付けら

---

13) たとえばバーニーは，経営資源の中に資産，ケイパビリティ（能力），コンピタンス，組織内のプロセス，企業の特性，情報，ナレッジが含まれるとしている。また「経営資源」，「ケイパビリティ」，「コア・コンピタンス」，「コア・ケイパビリティ」などの概念は呼称が異なるだけでほぼ同じ意味であるとしている（Jay B. Barney (2002) pp. 155-157（前掲訳書，243～245ページ））。

彼らは1990年代の企業成長の基盤となるものとしてコア・コンピタンス概念を提唱したが，コア・コンピタンスとは予想もしない製品を創造するための原動力とされているものである。そしてそれは，組織内における集団学習でありとりわけ多様な製造技術をいかに調整し，複数の技術の流れをいかに統合していくかを学ぶこととされている。また，コア・コンピタンスが技術の流れを調和させることであるとすれば，それは機能する組織と価値の伝播の問題でもあり，組織の境界を超えて活動するためのコミュニケーション，参加，さらにはそのような仕事のやり方に対して深くかかわることである。したがって，これには多数の人々とあらゆる機能が含まれるとされている。

すなわちプラハラードとハメルは，コア・コンピタンス概念に技術の統合という側面とそれを可能にするための組織メンバーの協働という側面とを持たせており，保有技術という既存資源のストックを問題とするだけではなく，その既存資源の統合，結合を重視し，そのためには組織メンバーの協働といった資源活用の能力を問題としているといえよう。したがってコア・コンピタンスを実現するには，効率的な資源活用を可能にするマネジメントが次なる課題となるわけであり，組織に効果的な協働を促すための組織構造，組織運営，組織風土，そしてそれらを可能にするトップやミドルによるマネジメントが議論の対象となる。

⑤ コア・コンピタンス獲得のためのマネジメント

このようなマネジメントに関する議論ついては次のような説明展開が可能である。コア・コンピタンスとは，個人の周囲に凝縮された技能や技術を，単に個人の専門的経験として封じ込めてしまうのではなく，他人の専門的経験と混合する機会を設けることによって異種交配された新たな技術や技能を作る能力である。したがってその獲得を目指す企業は，人々の挑戦意欲や学習意欲を向上させ，部門の壁を超えた交流を促進する必要があり，また絶えず戦略的意図を明確にし，将来に向けて進むべき目標を拡大してゆく必要がある，とされる[14]。つまり前者はコア・コンピタンス獲得のための具体的な方策である組織

学習を実現させるために，後者はその組織学習を促すために必要なものといえるが，当然，それぞれが達成されるためにはトップやミドルの役割が要求されることになる。

まず戦略的意図の明確化，将来目標の提示は，トップ・マネジメントの役割とされる。トップ・マネジメントは，創造的な洞察力を持って組織の将来時点でかくありたいとする姿を簡潔に表現できるビジョンを提示し，それを組織で共有化させることで，将来目標と現状の間に戦略的ギャップやイノベーション・ギャップと呼ばれるギャップを作り出し，かつ組織にそのギャップを浸透させることになり，組織メンバーの目的意識や問題意識を明確にさせることになる，とされる。そして，その結果として組織メンバーに組織学習を促すことが可能になる。

⑥ 組織学習

これにより組織学習が展開されることになるが，この組織学習とは文字通り人々の間での相互作用が行われるようなチームによる学習活動である。もちろん学習という行為はあくまで個人の活動であり，それは組織学習にとっても基盤となるものである。しかし組織学習とは，組織である集団の目的を満たす手段となるものであり，注意の焦点は個人が行動するための枠組みとして組織に向けられているものである。すなわち組織学習は，個人という媒体とその個人間の相互作用として行われ，その組織の能力と特性とともに一緒になって異なった全体を構成するものである。この組織学習については多く研究者が自身の関心領域や目的によって多様な定義を行っているが，この分野で注目を集めているのはアージリスとショーン (Chris Argyris and Donald A. Schön) の研究である (Argyris and Schön, 1978)。彼らは組織学習を，間違いを修正するプロセスと認識し，その修正のフィードバックがおよぶ範囲を基準にして，シングル・ループ学習とダブル・ループ学習とに区別を行っている。シングル・ループ学習とは，所期の目標を達成していない場合に，その行動のみを修正するもので

---

14) 十川廣國 (2000)『戦略経営のすすめ　未来創造型企業の組織能力』中央経済社，111〜113ページ。

ある。他方，ダブル・ループ学習とは，既存の価値体系や目標にまで疑問を投げかけ，新しい組織の方向や再構築の方法を求めるものである。いうまでもなく，組織能力の向上や修正を問題とする場合は，組織変革を可能にするダブル・ループ学習がより重要となるものである。

⑦　トップ・マネジメントの役割

さて，このような組織学習を実現させるには，前述した，人々の挑戦意欲や学習意欲の向上，部門を超えた交流，といったものが必要となるが，これらはトップ・マネジメントならびにミドル・マネジメントの役割とされる。これらを達成するために，まずトップ・マネジメントは，部門横断的な交流を推進することで，同じ部門間における学習だけではなく，異なった部門の人材や技術，情報といった経営資源を交配させることが望まれる，とされる。なぜなら，組織学習は異質の知識や情報を交配させることでより創造的な成果を生む可能性をもつわけであるが，その目的から全社横断的なプロジェクト・チームを設置したとしても，普段から異部門間の情報交流が行われていないとメンバー間のコミュニケーションが十分にとれない，あるいは各メンバーが所属部門の利害を主張する，など横断的交流を円滑に進めることが難しくなるためである。さらにトップ・マネジメントは，こうした部門横断的な交流活動を有効なものにするために，エンパワーメントと呼ばれる施策を講じることが望まれる，とされる。青木によると，エンパワーメントという概念はそもそも経営学以外の分野から援用された経緯があり，経営という文脈において用いられるようになってもその捉え方が一致しない状況にあるが，一般的にはエンパワーメントを客観的なパワーや権限を与えるような決定参加や権限委譲と捉えられている。そしてそのような一般的な捉え方に加えて，そのパワーや権限を主観的に認知し，自分自身"やれば出来る"というパワーを認知するような心理状態をもエンパワーメントとして捉えることもできる，とある[15]。これらのようにエンパワーメントを捉えた上で，組織学習の文脈に位置付けるならば，エンパワーメント

---

15)　青木幹喜（2006）『エンパワーメント経営』中央経済社，5～9ページ。

は組織学習を促進させる施策になる，というものである。すなわち，エンパワーメントを決定参加や権限委譲，あるいは個人の特定の心理的状態のいずれに捉えたとしても，エンパワーメントは個人の学習に対して学習意欲を促進させる推進力となるわけであり，既述のように個人学習は組織学習の基盤となるものであることから，ひいては組織学習の促進につながることになる，というものである。

⑧　ミドル・マネジメントの役割

続いてミドル・マネジメントは，組織学習の実現のために，トップ・マネジメントのビジョンを受けて，各部門で人々が日常的活動に埋没し，慣性で行動する姿勢を排除しなければならない。これは従来ミドル・マネジメントに課せられていた管理者としての役割とは異なるものである。このためにミドル・マネジメントは組織のあらゆる階層からアイディアを得，日々の活動に活かしていかなければならないとされる。なぜなら上述したミンツバーグの研究にもみられるように，能力ベース論のアプローチでは，戦略選択・形成に当たっての創造的なアイディアはトップ・マネジメントだけでなく企業内のすべての組織からも生まれると考えるためである。したがってミドル・マネジメントは，単なる上からの情報の伝達者ではなく，上下，左右双方向のコミュニケーションを維持し，下からのアイディアを取り上げ，企画し，総合化することが望まれる。そしてミドル・マネジメントがこのような役割を意識し，担うことで，個人学習を組織学習に橋渡しすることができ，また異種交配を実現して学習効果を高めることができる，というものである。

⑨　能力ベース論のまとめ

このようなコア・コンピタンス論とその実現のためのマネジメントに関する議論にもあらわれているように，能力ベース論では，競争優位につながる新製品や新事業を創出する組織の能力を重要視し，その組織能力の構築，向上，更新について議論を展開するものである。それゆえ，繰り返しとなるが，能力ベース論は，競争優位の源泉として組織内部に注目するアプローチとして，組織内部の諸要因，特に組織能力の構築といった組織内のプロセスに焦点を当て

ている点に特徴がある。資源ベース論に比べてよりミクロな視点から議論が展開される可能性を持つといえ，その意味で資源ベース論の限界を補うものといえる。したがって近年における競争優位の議論としては，このような能力ベース論の観点からの研究が活発で多様な展開をみせている状況にあるとまとめられる。

5 持続的競争優位と近年の議論

(1) 能力ベース論からみた近年の議論

以上のように競争優位に関する議論としては，競争優位の源泉を企業組織内部にあるものとして捉える議論，特に組織能力の構築といった組織のプロセスについての議論が中心になってきている。以下ではそのような能力ベース論の立場から，近年において注目を集めているいくつかの議論についてみてみたい。以下でみる議論は，それぞれ独立した分野で議論が展開されているものであるが，競争優位の議論の観点からみれば，能力ベース論的見解でそれら議論を包含することができるというものである。

(2) 企業文化論

企業文化とは，一般的に従業員に共有された価値観・行動規範やそれに基づいた人々の行動のパターンの総称といわれている。たとえば，シャイン(Edger H. Schein)はそれを，ある特定のグループが外部への適応や内部統合の問題に対処する際に学習した，グループ自身によって，創られ，発見され，または発展させられた基本的仮定のパターン，としている[16]。それゆえ企業文化は，企業経営の行動的側面すべてにかかわるものであり，目指すべきマネジメントの

---

16) Edger H. Schein (1985) *Organizational Culture and Leadership*, Jossey-Bass inc., p.9 (清水紀彦・浜田幸雄訳『組織文化とリーダーシップ』ダイヤモンド社，1989年，12ページ).

在り方を実現するための重要な役割を担うものといえる。したがって企業文化に関して能力ベース論の見解から議論するというよりも，反対に，企業文化の観点から能力ベース論を包括的に議論することができる，といえるかもしれない。

このような企業文化に関する研究は，そもそも1980年代初頭に日本企業の躍進を契機として盛んに議論され始めた分野である。当時の議論では，日本企業の強みと解釈された「参加」や「一貫性」といったいわゆる「強い文化」に注目が集まったが，その後，企業環境の変化が前提となると「一貫性」が外部適応するための変革に対して逆機能になると理解され始めた。これにより，求められる企業文化として，不連続な環境変化に対して柔軟な対応を可能にする組織変革を促す文化が議論の対象となり，ここで組織変革のプロセスを議論する能力ベース論との接点，あるいは能力ベース論を包含する点が生じることとなる[17]。そのような議論では，環境変化に対応するには学習可能な柔軟な組織への再構築が必要であり，その組織変革を促すためには企業文化の変革が必要であり，そのためにはトップ・マネジメントが変革の内容をビジョンで提示し，ミドル・マネジメントがそれを組織に浸透・理解させる触媒としての役割を果たさなければならない，とされる。

(3) 文化的多様性

また企業文化の議論に関係するものとして，従業員の文化的背景が多様である方が組織の活性化にとってよいとされる，文化的多様性の議論も注目を浴びている。これは組織のメンバーの文化的背景が異なることで，すなわち異質な価値観や思考方法が交じり合うことで，新たなアイディアの創出が期待されるというものである。いうまでもなく，こうした考えの前提には企業の国際化の動きがある。つまり企業が1つの国だけでなく世界中でのビジネス展開を想定した場合，1つの国や文化を背景としたアイディアだけでは太刀打ちできない

---

[17] 横尾陽道（2004）「企業文化と戦略経営の視点―「革新志向の企業文化」に関する考察―」，『三田商学研究』47巻4号，32～37ページ。

というものであり，世界中でのビジネス展開には多様な価値観の交流が必要になるというものである。

ただしこのような文化的多様性の議論に対しても能力ベース論のアプローチが必要になってくる。すなわち多様な価値観を有するメンバーを集めたとしても，ただ集めただけならば単なる烏合の衆に過ぎないためである。多様な価値観の交流による組織の活性化を実現するには，トップがビジョンを標榜し，そのビジョンをメンバーに共有させ，その共通に認識されたビジョンのもとでミドルがメンバーのコミュニケーションを促進させ，その結果としてメンバー各人が互いに学びあうことが必要になる。アドラー（Nancy J. Adler）にみられるような（Adler, 1991），いかに異文化マネジメントを行うかといった実行上のより具体的な議論も，このような組織能力の向上のための前提があってはじめて成立するものといえよう。

(4) 外部資源の利用

昨今の動向として，外的資源の活用による組織変革にも注目が集まっている。これは企業環境が不連続に変化している状況において，その対応には自社内の既存資源だけでは難しい場合があり，また対応するために資源活用によって自社による新規事業を立ち上げるには時間がかかり過ぎるためである。その手段としてはM＆Aが代表的であるが，企業レベルだけではなく事業部門レベルでの売却，購入もみられる。また規制緩和の影響もあり持株会社制度の採用も多くなってきている。さらに，必要な資源を出し合う形の合弁企業の設立やライバル関係にあるとされる企業同士による戦略的提携も盛んに展開されている。

しかしながら，このような外部資源の利用に対しては，資源ベース論に対する批判と同じような指摘を行うことができる。すなわち，資源を保有することとその資源を活用することを区別する必要があり，外的資源を獲得したとしても所期の期待通りになるとは限らないというものである。すでにみてきたように，資源を活用するには組織能力の向上が必要であり，そのためにはそれに適した企業文化の構築が必要であった。しかし外部資源の利用の場合は，企業文

第2章　経営戦略論における競争優位研究の展開

化や制度が異なる組織同士の結合となることから，資源活用が可能となるような企業文化の統合にはより多くの時間を要することが考えられるためである。こうした統合後の経営の困難性をあらわすものとしては，アメリカにおけるコングロマリットの失敗例をあげることができよう。

したがって外的資源の利用を効果的なものにするには，資源の獲得だけにとどまらずその有効な活用という能力ベース論のアプローチを考慮に入れるべきと考えられる。すなわちM＆Aや合弁の場合は統合後の組織における組織能力の向上が必要になる。そして戦略的提携の場合は，提携を組む組織同士の相互の学習である組織間学習が必要になるというものである。

6　本章のまとめとケース分析へ

本章では経営戦略論における諸議論について競争優位概念の変遷を軸にレビューを行った。競争優位の議論は時代とともに推移し，特に競争優位をもたらす源泉に関しては，企業の外部要因のみを重視する考えから内部要因も考慮に入れるように変化してきたといえる。特に近年の議論としては，持続的競争優位の源泉を組織内部の能力にあるとみて，その組織能力の構築，修正のプロセスについての議論に注目が集まっている。このような議論は，組織のプロセスに着目することから，戦略論と組織論の融合がみられるものであり，戦略的な観点からのマネジメントこそが持続的競争優位の獲得の鍵となるものであった。

さて，このように第1章と第2章において経営戦略論の学説紹介を行ったわけであるが，以下においてはそのような学説を念頭に置いたケース分析が展開される。経営戦略論の各学説が現実の企業経営を説明するに当たって，どれだけ説明力を有するか，あるいはどのような限界があるか，といったことがみえてくるはずである。ケース分析を通じて経営戦略論に対する理解が深まることを期待したい。

第Ⅰ部 理 論 編

【参考文献】
Adler, Nancy J. (1991) *International Dimensions of Organizational Behavior*, Pws-Kent, a Division of Wadsworth, Inc. (江夏健一・桑名義晴監訳, ⅠＢⅠ国際ビジネス研究センター訳『異文化組織のマネジメント』マグロウヒル出版株式会社, 1992年).

青木幹喜 (2006)『エンパワーメント経営』中央経済社。

Argyris, Chris and Donald A. Schön (1978) *Organization Learning: A Theory of Action Perspective*, Reading, Mass.

Barney, Jay B. (1997) *Gaining and Sustaining Competitive Advantage*, Prentice Hall (岡田正大訳『企業戦略論 (上) 基本編—競争優位の構築と持続—』ダイヤモンド社, 2003年).

Chandler, Alfred D., Jr. (1990) *Scale and Scope : the Dynamics of Industrial Capitalism*, Harvard University Press (安部悦生・川辺信雄・工藤 章・西牟田祐二・日高千影・山口一臣訳『スケールアンドスコープ経営力発展の国際比較』有斐閣, 1993年).

Christensen, Clayton M. (1997) *The Innovation's Dilemma: When Technology Cause Great Firm to Fail*, Harvard Business School Press (伊豆原 弓訳『イノベーションのジレンマ—技術革新が巨大企業を滅ぼすとき—』翔泳社, 2000年).

Dosi, Giovanni, Richard R. Nelson and Sidney Winter (2000) "Introduction: The Nature and Dynamics of Organizational Capabilities", in Giovanni Dosi, Richard R. Nelson and Sidney Winter(eds.), *The Nature and Dynamics of Organizational Capabilities*, Oxford University Press.

Henderson, R. M. and Kim B. Clark (1990) "Architectural Innovation:the Reconfiguration of Existing Product Technologies and the Failure of Established Firms", *Administrative Science Quarterly*, 35.

Hofer, Charles W. and Dan Schendel (1978) *Strategy Formulation: Analytical Concepts*, The West Publishing Co. (奥村昭博・榊原清則・野中郁次郎訳『戦略策定—その理論と手法—』千倉書房, 1981年).

河合忠彦 (2004)『ダイナミック戦略論 ポジショニング論と資源論を超えて』有斐閣。

Leonard-Burton, D. (1995) *Wellsprings of Knowledge: Building and Sustaining the Source of Innovation*, Harvard Business School Press (安部孝太郎・田畑暁生訳『知識の源泉—イノベーションの構築と持続—』ダイヤモンド社, 2001年).

Mintzberg, Henry, Bruce Ahlstrand and Joseph Lampel (1988) *Strategic Safari: A Guide Tour Through the Wilds of Strategic Safari*, the Free Press (齋藤嘉則監訳, 木村 充・奥澤朋美・山口あけも訳,『戦略サファリ 戦略マネジメント・ガイドブック』東洋経済新報社, 1999年).

Nelson, Richard R. and Sidney G. Winter (1982) *An Evolutionary Theory of Economic Change*, Harvard University Press.

Porter, Michael E. (1980) *Competitive Strategy*, The Free Press (土岐 坤・中辻

萬治・服部照夫訳『競争の戦略』ダイヤモンド社, 1982年).
Porter, Michael E. (1985) *Competitive Advantage: Creating and Sustaining Superior Performance,* The Free Press (土岐　坤・中辻萬治・小野寺武夫訳『競争優位の戦略—いかに高業績を維持させるか』ダイヤモンド社, 1985年).
Prahalad, C. K. and G. Hamel (1990) "The Core Competence of the Corporation", *Harvard Business Review,* May-June (坂本義実訳「コア競争力の発見と開発」『ダイヤモンド・ハーバード・ビジネス』1990年, 8 – 9月号).
Schein, Edger H. (1985) *Organizational Culture and Leadership,* Jossey-Bass inc. (清水紀彦・浜田幸雄訳『組織文化とリーダーシップ』ダイヤモンド社, 1989年).
十川廣國 (2000)『戦略経営のすすめ　未来創造型企業の組織能力』中央経済社。
――― (2002)『新戦略経営・変わるミドルの役割』文眞堂。
Teece, David, Gary Pisano and Amy Shuen (1997) "Dynamic Capabilities and Strategic Management", *Strategic Management Journal,* 18 – 7, August.
横尾陽道 (2004)「企業文化と戦略経営の視点—「革新志向の企業文化」に関する考察—」,『三田商学研究』47巻4号。
Wernerfelt, Birger (1984) "A Resource-Based View of the Firm", *Strategic Management Journal,* 5.
Wernerfelt, Birger (1997), "Foreword", in Nicolai J. Foss (ed.), *Resources, Firms, and Strategies: A Reader in the Resource-Based Perspective,* Oxford University Press.

第 II 部

ケース・スタディ

第 II 部

アーズ・ズーア

第3章
ジョンソン・エンド・ジョンソン

「Our Credo」はすべての男女，年代，部署，役職，そして国籍と文化を問わずJ＆J社員である以上，社員全員が共有すべき価値基準であり，行動指針でもある。競争や市場がダイナミックにそしてグローバルな規模で変化する競争環境のもとであるからこそ，逆に，時代を超えて守り抜く「価値基準と理念」が戦略と政策に一貫性を与えている。同時に，同社の「分権化経営」はこの変わらぬ理念と価値基準のもとで環境変化にダイナミックに対応していくもう1つの機軸を構成している。

1 はじめに

Johnson＆Johnson（以下，J＆J社）は，1886年米国ニュージャージー州ニューブランズウィックにてロバート・W・ジョンソンと2人の兄弟によって創業された事業会社である。

現在，世界57カ国に200の事業会社，従業員約11万人を抱え，一般消費者向け製品，医薬品，医療機器および診断試薬等，多岐にわたってヘルスケア製品の製造販売を行っている。

J＆J社の2004年度の売上高は，47.3億ドルであり，消費者向け製品，医療用医薬品，医療用機器および診断薬の3つに分類されている事業領域別に見ると，それぞれ8.3億ドル（17.6％），22.1億ドル（46.7％），16.9億ドル（35.7％）

となっている。

　売上の58.7％は米国からのものであり，続いてヨーロッパ（23.6％），アジア太平洋地域・アフリカ（12.3％）となっている。ちなみに日本での売上高は全世界の約5％である。

　J＆J社の特徴としてまずあげられるのは，長期間にわたって継続的に成長を続けている企業であるという点であり，実際2004年は前年に比べて13.1％の売上増，また過去100年間の年平均売上高成長率は10.6％であり，72期（72年間）連続増収の記録を更新中である[1]。

　その一方で，J＆J社は社外からも高い評価を得ている企業であり，数々の企業調査からもそのことが裏付けられている。たとえば，調査会社ハリス・インタラクティブとレピュテーション・インスティテューションが実施している米国企業好感度調査（RQ＝Reputation Quotient Gold Study）において，J＆J社は6年連続1位という実績を持ち，その他，米フォーチュン誌の「The World's Most Admired Companies, March 2005」において7位，「Fortune 500 America's Largest Corporations2005」においても30位にランクインされているなど事例には事欠かない[2]。

　多くの企業が自社の競争優位性を維持するために，日々努力を重ねている中で，J＆J社がこのように長期にわたって好業績をあげるとともに社外から評価されているというのは非常に興味深い事実である。

　J＆J社の持つ様々な特徴の中から，その競争優位性とは源泉となるべきものがどのようなものであるのかJ＆Jの企業理念である「Our Credo（我が信条）」を切り口として1つの考察を行ってみたい。

---

1) Johnson & Johnson Annual Report 2004.
2) Johnson & Johnson 米国ホームページ（http://www.jnj.com）。

2 「Our Credo（我が信条）」とは

「Our Credo（我が信条）」とは，J＆J社のファミリー企業で働く全社員に根付いているJ＆J社の経営理念および行動指針というべきものであるが，その初版に当たるものは1935年に「企業としての信条」というタイトルでJ＆J社の経営哲学として公表されたものであった。この中で，若くして経営者になったロバート・ジョンソンは，ステークホルダーとして，第一番目に消費者（顧客），2番目として社員，3番目が経営者グループ（現在はこの部分が地域社会となっている），そして最後に株主をあげていた。このことは消費者を第一に，そして社員，経営者グループへの責任を果たすことが，すなわち株主をも満足させられる結果を得られることとなるという経営理念が背景にあったと考えられる。

それから9年後の1943年，企業の果たすべき4つの責任を明記した「Our Credo（我が信条）」が公表された。ロバート・ジョンソンは，製品の品質こそがJ＆J社にとって成功への大きな要因となると考えており，それと同時に恒常的な成功はより高尚な企業哲学を遵守していくことによってのみ可能になると確信した上でのものであった[3]。

そして，この「Our Credo（我が信条）」はその理念は常に揺らぎのないものでありながら，その時代に合わせて修正も行われており，現在は，第3番目には地域社会への責任が新たに加えられている。

今日では次第に広まりつつある企業の社会的責任という考え方が一般的に認識されていないこの時代において，「Our Credo（我が信条）」のような考え方を企業の経営理念として掲げることは非常に革新的であった。

このことは，現在J＆J社の「Our Credo（我が信条）」が多くの企業から賞賛され，企業理念や行動規範，行動指針の手本として参考とされていることか

---

3) Johnson & Johnsonホームページ「J&J100年史」。

らも十分に証明されていると考えられる。

　現在，この「Our Credo（我が信条）」は，36ヵ国語に翻訳され，米国J＆J社のWeb site上でそれらすべてのバージョンを見ることができるようになっている。

　実際「Our Credo（我が信条）」は，J＆Jの経営哲学として全社員が共有する恒久的な価値判断の基準や事業活動におけるトップ・マネジャーの重要な意思決定の基本指針としての役割を果たし，さらには全社員の具体的な行動指針としての機能も担っている。

　このようにビジネスとして成功を収める上での拠りどころとして「Our Credo（我が信条）」を位置付け，企業の持続的成長と企業の果たすべき責任としての社会的責任を関連付けているところは注目すべき点である。

　ここで「Our Credo（我が信条）」の全文を紹介する。全体の構成としては，先に述べたとおりに4章立てとなっており，第一の責任として顧客に対する責任，第二の責任として社員に対する責任，第三の責任として地域社会に対する責任，第四の責任として株主に対する責任を明記している。

■ 我 が 信 条 [4]

　我々の第一の責任は，我々の製品およびサービスを使用してくれる医師，看護師，患者，そして母親，父親をはじめとする，すべての顧客に対するものであると確信する。

　顧客一人一人のニーズに応えるにあたり，我々の行なうすべての活動は質的に高い水準のものでなければならない。

　適正な価格を維持するため，我々は常に製品原価を引き下げる努力をしなければならない。顧客からの注文には，迅速，かつ正確に応えなければならない。

4）　Johnson & Johnson HP「我が信条」。

第3章　ジョンソン・エンド・ジョンソン

　我々の取引先には，適正な利益をあげる機会を提供しなければならない。

　我々の第二の責任は全社員――世界中で共に働く男性も女性も――に対するものである。
　社員一人一人は個人として尊重され，その尊厳と価値が認められなければならない。
　社員は安心して仕事に従事できなければならない。
　待遇は公正かつ適切でなければならず，働く環境は清潔で，整理整頓され，かつ安全でなければならない。
　社員が家族に対する責任を十分果たすことができるよう，配慮しなければならない。
　社員の提案，苦情が自由にできる環境でなければならない。
　能力ある人々には，雇用，能力開発および昇進の機会が平等に与えられなければならない。
　我々は有能な管理者を任命しなければならない。そして，その行動は公正，かつ道義にかなったものでなければならない。

　我々の第三の責任は，我々が生活し，働いている地域社会，更には全世界の共同社会に対するものである（コラム参照）。
　我々は良き市民として，有益な社会事業および福祉に貢献し，適切な租税を負担しなければならない。
　我々は社会の発展，健康の増進，教育の改善に寄与する活動に参画しなければならない。
　我々が使用する施設を常に良好な状態に保ち，環境と資源の保護に努めなければならない。

　我々の第四の，そして最後の責任は，会社の株主に対するものである。
　事業は健全な利益を生まなければならない。我々は新しい考えを試みなけれ

第Ⅱ部　ケース・スタディ

図表3－1 「Our Credo（我が信条）」

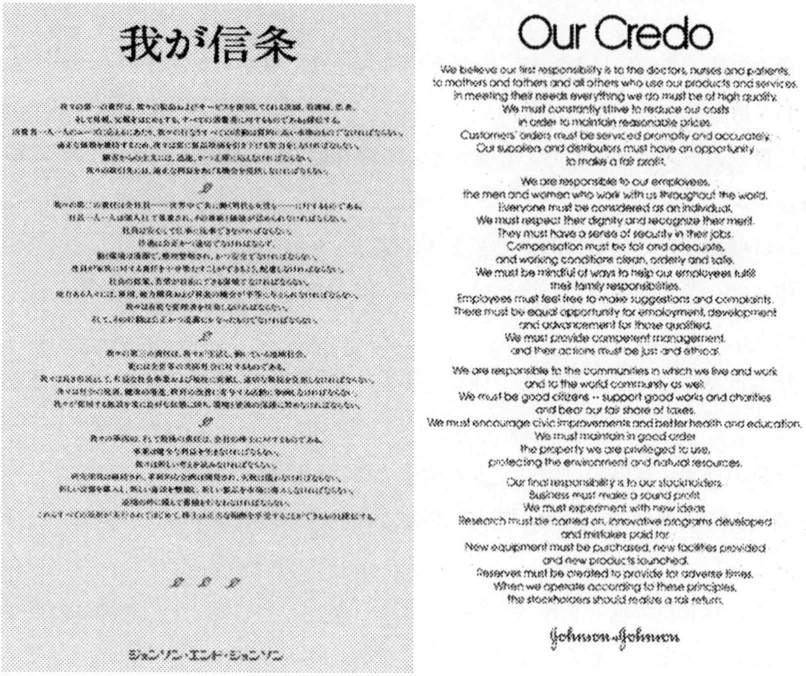

（出所）　Johnson & Johnson HP.

ばならない。

　研究開発は継続され，革新的な企画は開発され，失敗は償わなければならない。

　新しい設備を購入し，新しい施設を整備し，新しい製品を市場に導入しなければならない。

　逆境の時に備えて蓄積をおこなわなければならない。

　これらすべての原則が実行されてはじめて，株主は正当な報酬を享受することができるものと確信する。

第3章　ジョンソン・エンド・ジョンソン

このように全体としては1ページほどに収まる簡潔な文章となっているが，長期的視点に立った本来の企業のあるべき姿を示しており，企業の経営理念だけでなく行動指針をもカバーする内容となっている。英語の原文においては全文中に「must（～ねばならない）」が21カ所も含まれ，強いメッセージ性のあるものとなっている。

コラム

　ジョンソン・エンド・ジョンソン社の「我が信条（Our Credo）」には，企業が果たすべき責務が示されており，その中の第三の責任である地域社会への貢献に基づき，J&J社は全世界の共同社会に対する責任を果たすことを目的とした「ジョンソン・エンド・ジョンソン社会貢献委員会」を結成し，社員ボランティアが中心となり，有益な社会事業や福祉に貢献するための活動を行っている。

　主な活動内容としては，「子供の事故防止セミナー」「女性のからだとこころに関する情報提供」「全国こころの美術展・自殺防止プロジェクト」「高齢者プログラム」，また，「認定看護婦の継続教育」といった健康をテーマとしたものであり，これらへの取り組みを継続して行っている。

　また，緊急災害の発生時には被災現場への支援も積極的に実施しており，2004年10月の新潟県中越地震では多くの病院で医療機器が稼動できないことから適切な処置を行うことが難しいといった医療現場に対して医療材料の提供や滅菌器の貸与と社員の派遣を行うなどといった，状況によって地域社会への貢献がその他の企業活動よりも優先されることも重要と考えられている。

　これらの企業としての社会貢献は，社員一人一人の気持ちの反映でもあると考えられていることから，社員から推薦された非営利団体への寄付を行っており，社員が自らボランティアとして活動をしている団体，日ごろから関心を持っている団体など，社員の視線を通した活動を行っている。このような地域社会への貢献活動もそれぞれの国で行っており，ヘルスケアという視点からその地域に必要とされている問題への支援を行っている。

3　分権化経営

　J＆J社がここまで「Our Credo（我が信条）」にこだわる理由を考えるに当たっては，もう1つのJ＆J社の経営上の大きな特徴である分権化経営（Decentralization）について言及する必要があるものと思われる。

　J＆J社は冒頭にも述べたように，創業以来常にヘルスケア製品を事業領域として成長を続けてきた企業である。その内訳は消費者向け製品，医療用医薬品，医療用機器および診断薬と非常に多岐にわたっているが，その中での売上比率に大きな偏りが生じていることもない（売上比率が一番高いものは，医療用医薬品の46.7％である）[5]。

　世界のヘルスケア企業と比較してみると，より幅広く事業領域を展開している。そのような経営戦略を成功させているヘルスケア企業は極めてまれで，多くの企業は事業領域を特化し，その経営資源を集中化させていく傾向にあるといえる。

　具体例を考えてみても，消費者向け製品を主に扱うヘルスケア企業で，医療用医薬品を同規模で展開する企業はなきに等しく，また，以前は医療用医薬品を主たる事業ドメインとする企業が多角化経営の一環として消費者向け製品を展開するケースも多く見受けられたが，近年になってこれらの企業も医療用医薬品以外の分野については事業部門の売却などを行って撤退し，医療用医薬品へ専業化していく事例が目立っている。

　このように企業が事業ドメインを特化していく背景には，ヘルスケアビジネスにおける各事業領域でのビジネスモデルがまったく異なるものであることがあげられる。

　特に医療用医薬品は製品の研究開発に莫大なコストと長い時間が必要であり，実際に市場に出回る製品となるまでのリスクが高い。その反面，ひとたび製品

---

[5]　Johnson & Johnson Annual Report 2004.

化されたものについては，その利益率が非常に高く，独自性が高い製品であれば参入障壁は極めて高いものとなり，結果として大きな利益を享受することができる。つまりハイリスク・ハイリターン型のビジネスモデルである。

その一方で，消費者向け製品は大きな市場を持つビジネスであるが，参入障壁が高いとはいえないため，製品を差別化して優位性を確保し続けるために，開発コストを抑え，常に新製品を投入していく必要があるビジネスである。前者の医療用医薬品と比べれば，製品サイクルは短く，その利益率も低くならざるを得ないが，一般消費者向けという面で売上数量についてのポテンシャルは絶対的に高いといえる。

このように，ヘルスケアビジネスとはいえ，個々のビジネスモデルは大きくことなり，一企業体としては，そのシナジー効果を上げることは極めて難しいことがわかる。それゆえ，多くの企業は，事業ドメインを限定し，経営資源を集中化させることによって他社との差別化を図ろうとしているのである。

このような流れの中で，J&J社は全く異なる企業戦略をとっており，それが分権化経営 (Decentralization) である。同社が分権化経営を推進してきた理由は2点指摘されうる。まず第一点目は，J&J社が成長を続けていく過程において，介在する人間が多すぎることによって数々の問題を経験してきたため，それを回避するためである。分権化経営のメリットを確信したエピソードはJ&J社のホームページなどで紹介されている。

それとともに，J&J社が今日まで分権主義にこだわったもう1つの理由は，「人」である。「社員はその仕事を正当に認められ，尊重されなければならない。組織が小さくなればより多くの人が正当な評価を受けることができる」という考え方も分権化経営を支えているものと考えられる[6]。

分権化経営は，J&J社のFamily of Companiesとして発展し，広く知られるようになった。たとえば，2004年のアニュアルレポートの中では，Principal Global Affiliatesとして，38もの名前とその事業内容の概略が述べられており，

---

6) Johnson & Johnson HP「J&J100年史」。

それに続いてWorldwide Family of Companiesとして，およそ70にもおよぶ各国別のファミリー企業名が列挙されている。これらのファミリー企業は独立企業として運営されており，独自の経営戦略で事業活動を行っている。

たとえば，1918年にJ＆J社がVan Home and Sawtellを買収したことによって，生産ラインの一部であったスーチャー（縫合製品）は，Johnson Suture Corporationとして独立し，さらにその後Ethicon Inc.と発展した事例もあれば，Ortho Pharmaceutical Corp.のように会社の一研究室から会社へと成長したという事例もある[7]。

そのため，日本ではジョンソン・エンド・ジョンソン株式会社のメディカルカンパニーの中に所属する事業部同士であっても，各事業部の米国本社は，米国でもそれぞれまったく異なる州に存在しているというような状況が生じてくる。

このような分権化経営を行う場合のメリットとデメリットは一体どのようなものが考えられるのだろうか。

メリットとしてあげられるのは，分権化経営の成り立ちでも触れた点であるが，経営の意思決定のスピードが早いということであり，その分迅速に状況に対応することができることである。今日グローバル化，スタンダード化が進む企業の多くが，意思決定のプロセスが煩雑で，迅速に対応することができないという悩みを抱えているのとは対照的である。

また，分権化しそれぞれローカルに意思決定が任されていれば，それだけその地域の文化や嗜好，商習慣に合わせた企業活動をすることができるという点も大きなメリットであると考えられる。

一方，デメリットとして考えられるのは，それぞれが1つの企業体として活動を行い，他のファミリー企業との経営資源の交流が限られてきてしまう点である。また，ファミリー企業が独自に運営するためには，それだけのスタッフを抱えることとなり，管理コストは増大せざるを得ない。結果として部分最適に陥り，全体最適化を図ることは極めて困難とならざるを得ない。

---

7) Johnson & Johnsonホームページより。

このことを実際にＪ＆Ｊ社に当てはめて考えると，各グループ企業がそれぞれの売上目標をいかに達成するかということが，各企業に課せられた大きな課題となっており，すべてのグループ企業がライバルの上にいくことが求められている。その結果，Ｊ＆Ｊ社全体として最強のヘルスケア企業へと成長を持続しているといえるのではないだろうか。

その反面，Ｊ＆Ｊグループ企業とグループ企業の社員の意識は，分権化経営の徹底によって米国本社から独立しているという感があり，各事業会社の独立色は極めて強い。そのためともすれば，社員はＪ＆Ｊグループの企業とグループの一員であるという意識が薄れ，グループとしての結束力・求心力が弱くなってしまう恐れもあるといえる。

そこで，このようにバラバラになりがちなグループ企業とその社員にグループの一員であるという意識を持たせることが，ビジネスを継続的に推進していくために非常に重要なファクターであり，その役割を果たす基盤となっているものが，これまでずっと述べてきた「Our Credo（我が信条）」に他ならないのである。

4　タイレノール事件

それでは，実際に「Our Credo（我が信条）」に基づいてＪ＆Ｊ社はどのように経営判断を行っているのであろうか。過去の事例として，ここではタイレノール事件を紹介する。

マクニール・コンシューマー・プロダクトの主力製品のであるタイレノールは，安全性が高く，アメリカでは，広く知られている鎮痛剤であり，国民に信頼され，もっとも服用されているブランドであった。事件は1982年９月30日，このタイレノールにシアン化合物が混入され，シカゴを中心に７名が死亡すると痛ましいものであった。多くの家庭で常備薬として使われたブランドだけに，この事件に対して国民が大きなショックを受けたことは想像に難くない。

第Ⅱ部　ケース・スタディ

　これに対しJ＆J社は事件発生後早い段階でタイレノールの全製品の回収という経営判断を下し，マスコミを通じた積極的な情報公開，新聞への警告広告の掲載，対策チームの設置など素早い対応を行った。この結果市場からタイレノールは速やかに回収されたが，J＆J社の被った損失は膨大なものであったことは否めない。

　これに対して，陣頭指揮をとった当時のJ＆J社会長兼CEOのジェームズ・E・バークは，単なる危機管理として対応することに終わらず，「Our Credo（我が信条）」の第一の責任である顧客に対する責任を最優先に考えた体制をとることを迷わず選択したのであった。

　このようにタイレノール事件において，J＆J社は多くの困難な意思決定をしなければならなかったが，同社は「Our Credo（我が信条）」に基づいて顧客，社員に対する責任を実践すべく，事件発生をオープンにしてすべて対処したといえる。結果として，J＆J社のステークホルダーである顧客や社員は，今何が起きており，J＆J社はそれに対してどう対処しようとしているかを知ることができ，理解することができたのである。このことによってJ＆J社は，顧客や社員のみならず広く社会からも信頼を得るに至ったのである。

　その後，マクニール・コンシューマー・プロダクトでは，毒物などを流通過程で混入されないようにするために，包装・パッケージを変えるといった対策を講じた。しかしながら不幸にも，タイレノール毒物混入事件は1986年にも発生し，同様にJ＆Jではタイレノール全製品を回収するという決断を下すこととなった。事件が再び発生したことで，不幸にも「タイレノールは死んだ」といわれるほど外部環境は悪化した。

　それにもかかわらず，結果としてJ＆J社の「Our Credo（我が信条）」に基づいた素早い対応は，顧客をはじめ政府・産業界など社会から高く評価され，マスコミからも注目されるに至った。ワシントン・ポストでは「ジョンソン・エンド・ジョンソンは，大企業がこうした危機に対してとるべき手段を非常に効果的にとった」と賞され，タイレノールが信頼を失うことはなかった。

　一方社内においても，一連の会社の判断を誇りに思う全社員が一丸となって

信頼回復への努力を行った結果，タイレノールは予想をはるかに超える速さで売上を回復し，今日でもタイレノールは国民的な鎮痛薬ブランドとしての地位を維持し続けているのである。

5 「Our Credo (我が信条)」の浸透

　「Our Credo (我が信条)」は，J＆J社の経営判断において大きな役割を担っており，バラバラになりがちなグループ企業とその社員にグループの一員であるという意識を持たせる役割を果たしている。しかしながら，実際にそれだけでは求心力の確保には不十分であるといえる。つまり，これらを全社員へと浸透させ，共有し続けるためには莫大なエネルギーが必要とされるのである。それなくしては，経営理念は時間の経過と共に形骸化してしまうことは明らかである。実際，立派な経営理念を掲げたとしても，社員へ浸透することができなかったり，浸透するまでには大きな労力を費やしながらも，それを持続的に維持していくことができなかったりして，次第に社員から経営理念が忘れ去られていくケースが多いのではないだろうか。

　J＆J社はこの点においても，「Our Credo (我が信条)」を社員に浸透させるために努力し続けている企業であるといえる。同社は継続的に「Our Credo (我が信条)」を浸透させるために多くのエネルギーを費やし，運用させる仕組みを確立している。

　「Our Credo (我が信条)」を運用させる様々な仕組みの中の1つに「クレド・サーベイ」というものがある。これは，「Our Credo (我が信条)」の経営理念がどれだけ浸透し，実際の行動にどれだけ反映されているかをJ＆J社の全社員を対象に調査を行い，フィードバックするというものである。

　この「クレド・サーベイ」の主要な目的は6つあり，①「我が信条」に対して，各ファミリー企業がどの程度まで真剣に対応しているか，各ファミリー企業の取組み姿勢を社員がどう受け止めているか，この2点を検証する。②社

員自身も4つの責任に対してどのように取り組んでいるかを検証する。③各ファミリー企業の経営目標，活動，施策などについて経営者グループへのフィードバックが行われる。④各種の施策，目標などの実施具合を検証できる。⑤改善のためのアクションプランを作成する。⑥前回のクレド・サーベイの結果に基づき作成・実施した改善計画の実施状況が検証できる[8]というものである。つまり，「クレド・サーベイ」は，「Our Credo（我が信条）」を浸透させ，維持するための，「Plan（計画）」，「Do（実施）」，「Check（点検）」「Action（是正処置）」サイクルを実施する仕組みであると位置付けられる。

　各セクションについてのサーベイの集計結果は，そのセクションごとにフィードバックされると同時にその結果に基づいて改善するためのアクションプランが作成される。このように経営理念の浸透度が定期的に調査，検証され，その結果によって改善されるという継続的な努力によって，今日においても「Our Credo（我が信条）」が形骸化されずに社員の経営理念，行動指針として活用され続けている。

6　Global Standards of Leadership

　分権化された各グループ企業が，それぞれ成長し続けるためには，常にイノベーションを追求するとともに，強いリーダーシップを発揮する人材の育成が必須となってくる。

　「Our Credo（我が信条）」は，独自の経営戦略に基づいて自分の好きな方向に進もうとするJ＆J社の各グループ企業を連結する役割を果たしているが，各グループ企業の経営層に対して経営方針を明確に認識させ，その上で彼らに代わる次世代のリーダーをできるだけ速く育成することも大きな課題であるといえる。

8）　山下辰夫・中村元一（2001）『成功経営の法則―ジョンソン・エンド・ジョンソンのグローバル・スタンダード―』ダイヤモンド社，63～67ページ。

第3章　ジョンソン・エンド・ジョンソン

　その背景には，リーダーシップ開発を継続的に推進し，将来の成長に必要な有能な社員を確保し続けなければ，将来的にリーダーとなる人材の供給がひっ迫してくるという強い危機感がある。

　そのような問題意識の中から，1995年にワールド・ワイドに，リーダーシップを持つような社長や幹部候補者を早い時期に見つけ出し，育成していくという目的を持った「グローバル・スタンダード・オブ・リーダーシップ（GSOL）」が誕生したのである。

　このGSOLはいうまでもなく「Our Credo（我が信条）」を核として作成されたプログラムであり，その上で，J＆J社の一員であると同時に，リーダーとして求められる要件を教育するプログラムとなっている。

　代表的な例としては①後継者育成計画（サクセション・プラン）の改善，②社員の業績評価制度の改善，③適性／特性（コンピテンシー）モデルの作成と導入，④360度評価システムの導入などがあげられる[9]。

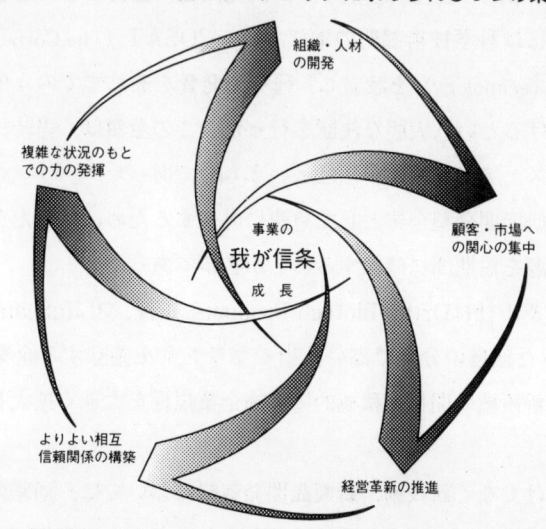

図表3－2　J＆J社のリーダシップに求められる6つの条件

- 組織・人材の開発
- 複雑な状況のもとでの力の発揮
- 事業の成長
- 我が信条
- 顧客・市場への関心の集中
- よりよい相互信頼関係の構築
- 経営革新の推進

（出所）　山下・中村（2001）139ページ。

[9]　山下辰夫・中村元一（2001）『成功経営の法則―ジョンソン・エンド・ジョンソンのグローバル・スタンダード―』ダイヤモンド社，145～148ページ。

第Ⅱ部　ケース・スタディ

7　長期展望に立った経営

　これらの取組みによって，J＆J社は長期にわたって好業績をあげるとともに社外から評価されているといえるが，最後にJ＆J社が常に長期的展望に立った経営を行っていることについてもさらに触れてみたい。

　1976年には4代目の会長兼CEOにジェームズ・E・バークが就任し，また，社長兼EC（Executive Committee）チェアマンにデビッド・R・クレアが就任した。当時，ヘルスケアに対する消費者のニーズは次第に高まってきており，J＆J社にとって，競争力を保ち続けるためには，疾病予防，早期発見，治療への新しいアプローチを可能にする技術革新により，医療の発展をリードしていく企業へと発展していくことが必要となってきた。

　このような外部環境の変化に対し，新しい2人の経営者達は「Our Credo（我が信条）」の第四の責任にも則って，研究開発に注力することを決意した。そして1978年には科学技術部門の本部としてCOSAT（The Corporation Office of Science and Technology）を設立し，研究開発費をそれまでの4倍以上の4億ドルに引き上げるという大胆な決断を行った。この金額は，当時，全米企業中，第18位，ヘルスケア産業では第1位というものであった[10]。

　J＆J社が研究開発型企業として急速に成長するためには新たな技術，ノウハウの経営資源を短期間に確保することが必要であった。

　そのためJ＆J社はOrtho Biotech Products, L.P.やLifeScan, Inc., PEN ATENといった独自の分野で高い技術やブランドを確立する企業を買収することによって新領域の開拓も積極的に実施企業規模を大きく拡大していくこととなった。

　またそれだけでなく新技術，新製品開発戦略においては，通常の各グループ会社においてそれぞれ計画される戦略とともに，グループ全体で長期的に取り

---

10)　Johnson & Johnsonホームページ「J＆J100年史」。

第3章　ジョンソン・エンド・ジョンソン

組むべき課題に対しては別途戦略を設けて，全体案件として本社が投資を行うことで，さらなる飛躍にも備えている。

その結果，J＆J社は業界の中でもっとも多くの製品群を有し，すべての診療科に対応する唯一のヘルスケア企業としての地位を確立することとなった。その結果，1976年からの10年間で，世界のグループ会社数は2倍に，売上高も1986年には70億ドルを記録している。

この時期，J＆J社は前述の2回に及ぶタイレノール事件といったチャレンジを克服するとともに，さらなる発展にむけて本社のあるニューブランズウィックの再建にも取り組んだ。創業の地として約100年が経過し，他のアメリカの町と同様に経済疲弊を起こしていたが，ニュー・ブランズウィック・トゥモローと称した方針策定連合を組織し，地域住民に積極的に働きかけることによって約10年の月日をかけて町は活気を取り戻し，オフィス街は刷新され，新たな雇用が生み出された。また，この時期J＆J社は社外取締役の導入や初の女性役員の登用なども経験することとなった。

バーク会長は，「1つの企業として継続して業績をあげられているのは，われわれ独自の分権経営，『我が信条』の中に脈打つ倫理規律，長期的視野に立った戦略によるものと確信している」と述べ，変動する競争環境においても変わらぬJ＆J社の経営手法の核心が指摘されている[11]。

8　おわりに

J＆J社は「Our Credo（我が信条）」と「分権化経営」によって「長期的展望に立った経営」をダイナミックに実現し続けている企業である。経営理念が時間の経過とともに風化してしまう企業の多い中，「Our Credo（我が信条）」を全社員に継続的に浸透させ続ける仕組みと，それを実行しうるリーダーシップ

---

11)　Johnson & Johnson HP「J＆J100年史」。

第Ⅱ部　ケース・スタディ

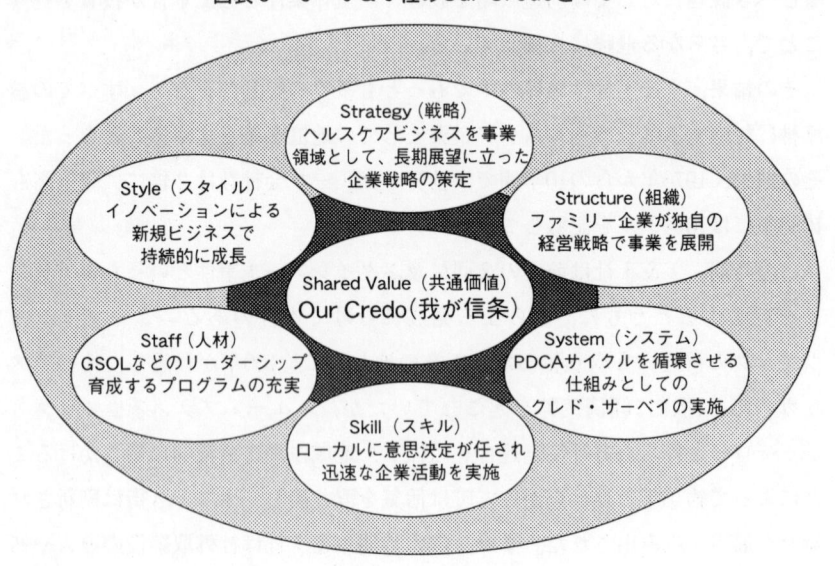

図表3－3　J＆J社のOur Credoと7S

```
              Strategy（戦略）
              ヘルスケアビジネスを事業
              領域として、長期展望に立った
              企業戦略の策定

 Style（スタイル）                    Structure（組織）
 イノベーションによる                  ファミリー企業が独自の
 新規ビジネスで                       経営戦略で事業を展開
 持続的に成長

              Shared Value（共通価値）
              Our Credo（我が信条）

 Staff（人材）                        System（システム）
 GSOLなどのリーダーシップ             PDCAサイクルを循環させる
 育成するプログラムの充実             仕組みとしての
                                     クレド・サーベイの実施

              Skill（スキル）
              ローカルに意思決定が任され
              迅速な企業活動を実施
```

（出所）　Peters and Waterman（1982）を参考に作成。

を育成することによって，現在でもJ＆J社のファミリー企業で働く全社員にOur Credoは根付いている。

　社員が共有する恒久的な価値判断の基準として，また事業活動におけるトップ・マネジャーの重要な意思決定の基本指針として「Our Credo（我が信条）」を位置付け，分権化経営をダイナミックに展開し，持続的競争優位を可能にしたものと考察される。

【参考文献】

山下辰夫・中村元一（2001）『成功経営の法則―ジョンソン・エンド・ジョンソンのグローバル・スタンダード―』ダイヤモンド社。

Peters, T. J., and Waterman, Jr., R. H.,（1982）, *In Search of EXCELLENCE: lessons from America's best-run companies*, Warner Books（大前研一訳『エクセレント・カンパニー』英治出版，2003年）．

第4章
マンチェスター・ユナイテッド

　　MUの「悲劇の歴史」と，そして「チームのために決してあきらめないという理念」のもとに悲劇と挫折の中から這い上がってきた「不屈の魂」が世界中の多くのファンをロックインし，まさに他クラブに対する「模倣困難性」を創り出している。同クラブの「持続的競争優位」の源泉となっているのは，独自の歴史と，それを巧みに活かしている経営戦略に他ならない。

1　はじめに

　マンチェスター・ユナイテッド（Manchester United，以下MU）はイギリスの地方都市マンチェスターに本拠地を置くフットボール（サッカー）クラブである。現在ではイギリス国内に留まらず，海外でも多くの人々に知られる世界でも有数のビッククラブとなっている。しかし，なぜマンチェスターの一クラブに過ぎなかったMUが，競争優位性を発揮し世界的なクラブになり得たか，ビジネスケースとして取り上げてみたい。

2　Manchester United（MU）とは

　MUは1878年，マンチェスターの鉄道労働者たちによって創立された歴史あるクラブである。MUの本拠地として1910年から使用されているスタジアム，オールドトラッフォード（Old Trafford）は，イングランドのクラブとしては最大の68,174人の収容人数を誇っている。これまでの主な成績としてチャンピオンズリーグ（Champions League）2回，カップウイナーズカップ（Cup Winners Cup）1回，リーグチャンピオン（League champion）15回，ＦＡカップ（FA Cup）11回，リーグカップ（League Cup）1回を獲得している（図表4－1参照）。現在，MUはイングランドのＦＡプレミアリーグ（F.A. Premier League）に所属し，スコットランド出身のアレックス・ファーガソン（Sir. Alex Ferguson）が監督を務めている。ファーガソンはスコットランドのクラブであるアバディーン（Aberdeen）の監督経験後，1986年からMUの監督を務めており，1990年のＦＡカップ優勝をはじめ，数々の栄光を築き上げている。1991年にクラブはロンドン証券取引所（London Stock Exchange）に株式を公開し，株式会社（Manchester United PLC）として，フットボールだけではなく，ＴＶ事業（MU TV）やファイナンス事業，ホテルやカフェなども手掛けており，提携先との共同事業も含めるとその事業領域は多岐にわたっている。現在，MUはアメリカ人実業家マルコム・グレーザー（Malcolm Glazer）によって買収され，非上場会社となっている(2005年6月現在)。これらの事業は個々に単独で行われているのではなく，MUのフットボールクラブのブランドを活かすかたちで行われている。たとえば，ファイナンス事業では，クレジットカードに加入すると選手やクラブのグッズが当たるといったことがあげられる。このような事業はこれからさらに増加していく可能性があり，発展が期待されているが，現在はまだ試合が行われる日のチケットなどの直接収入(Match day収入)や試合のＴＶ放映権

---

1) Forbes.com『The Business Of Soccer』
　　＜http://www.forbes.com/2005/03/30/05soccerland.html＞

料，欧州No.1を決めるチャンピオンズリーグ出場による収入やスポンサー契約が大部分を占めている。2004年度のMUの売上高を見てみると169.1m（約350億円）ポンドで（図表4－2. Turnover and Profit 参照），Forbsのランキング[1]では売上高，営業利益ともにフットボールクラブではトップであり（2003/04年シーズン），アメリカのメジャーリーグのニューヨーク・ヤンキース（New York Yankees）も凌駕している[2]。コンサルティング会社のDeloitte&Toucheが毎年行っている売上高ベースのランキング3では，調査を始めた1996/97年シーズンから8年連続首位となっている[3]。また同調査によると，オールドトラッフォードが毎試合満席になる割合は100％に近く（2003/04年シーズン平均観客数67,641人），Match day収入はシーズンを通して92.4mユーロ（約126億円）に達する。これはユベントス（Juventus, イタリア）の収入額17.6m（約24億円）ユーロの5.25倍，ＡＣミラン（AC Milan, イタリア）の27.9m（約38億円）ユーロの3倍以上に相当する（2003/04年シーズン）。

　この高い売上高に貢献しているのは，基本的にはクラブや選手のファンの人々であり，その人気に大きく依存するところが大きい。すなわちファンの数がトップクラスであるということができる。また，MUは新たなファンの開拓をグローバルに行っており，2004年に米国ツアー，2005年にアジアツアーを行っている。特にアジアでは中国市場に力を入れており，中国語の公式ウェブサイトを立ち上げている。2003年のクラブ発表[4]によるとMUのファンは5,300万人を上回っており，世界各国にあまねく分布している（内アジアは1,660万人）。この人気の高さにより，近くオールドトラッフォードの観客席を現在の68,174席から76,000席にまで増やすことを計画している。

---

2) 前掲1とForbes.com『The Business Of Baseball』の比較による。
　　<http://www.forbes.com/2005/04/06/05mlbland.html>
3) Deloitte&Touche Football Money League 2005
　　<http://www.deloitte.com>
4) Annual Report(2003)による。

第Ⅱ部 ケース・スタディ

図表4－1　Manchester United の主な成績

CHAMPIONS LEAGUE	CHARITY／COMMUNITY SHIELD WINNERS
1966－67, 1998－99	1908, 1911, 1952, 1956, 1957,
CUP WINNERS CUP	1965, 1967, 1977, 1983, 1990,
1990－91	1993, 1994, 1996, 1997, 2003,
LEAGUE CHAMPIONS	F. A. CUP WINNERS
1907－08, 1910－11, 1951－52,	1909, 1948, 1963, 1977, 1983,
1955－56, 1956－57, 1964－65,	1985, 1990, 1994, 1996, 1999,
1966－67, 1992－93, 1993－94,	2004
1995－96, 1996－97, 1998－99,	LEAGUE CUP WINNERS
1999－00, 2000－01, 2002－03	1992

（出所）　Manchester United Official website より筆者作成。

図表4－2　Turnover and Profit

■ Group turnover (£m)
▨ Group operating profit* (£m)
□ Profit before taxation (£m)

	2000	2001	2002	2003	2004
Group turnover	116	129.6	146.1	173	169.1
Group operating profit*	33.8	36.1	40.0	55.1	58.3
Profit before taxation	16.8	21.8	32.3	39.3	27.9

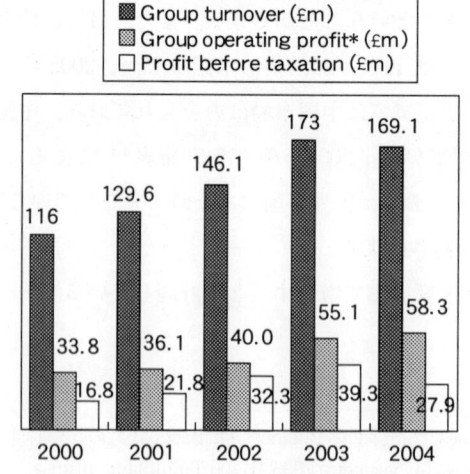

＊　Before depreciation and amortisation of players and after exceptional items
（出所）　2000～2004 Annual Report より筆者作成。

3　業界分析

　現在サッカー業界は非常に競争が激しく，クラブの収入に占める選手の給料の割合の増加（図表4－3参照）や移籍金の高騰もあり，利益率が低い厳しい業界となっている。ポーター（M.E. Porter）のFive forces model（図表4－4参照）で考えてみるとサッカーの代替品に該当するものも多く，しかもグローバル化が進んだ結果，衛星放送などによって簡単に試合を観戦することが可能となってきた。このため，地理的な距離は大した意味を成さなくなり，競争業者もそれにともなって増加しているといえる。また，選手の供給業者としての代理人やクラブの力も強く，1995年のボスマン判決[5]以降，一流の選手を獲得するための駆け引きは一層激しさを増している。この結果，フィオレンティーナ（Fiorentina, イタリア）といった名門クラブは選手の給料などが払えず破産し，ボルシア・ドルトムント（Borussia Dortmund, ドイツ）やリーズ・ユナイテッド（Leeds United, イングランド）など多額の負債により，有力選手を放出せざるをえない状態に陥っているクラブも非常に多い。

---

[5]　ボスマン判決（Bosman ruling, 1995）
　　ベルギーのクラブの選手であったボスマンの訴えによって，1995年に行われた裁判であり，
　　・契約が終了した選手は，移籍金を払うなどの制限を受けることなく自由に移籍できる
　　・EU内であればEU国籍保有者の就労は制限されない（外国人扱いされないため，チームの外国人枠に影響を受けなくなる）
　　上記判決の結果，国の枠を超えて選手の移籍の流動化が進むこととなった。なお，判決文に関しては，European Union law<http://ec.europe.eu/sport/sport-and/markt/bosman/b_bosman_en.html>で参照することができる。

第Ⅱ部　ケース・スタディ

図表4－3　Wages and Turnover since Bosman：the FA Premier League

millions（£）

Year	Wages	Turnover	wages／turnover ratio
1995／96	163	346	47%
1996／97	218	464	47%
1997／98	305	582	52%
1998／99	391	670	58%
1999／00	471	772	63%

（出所）　Fact Sheet 10 The 'New' Football Economics P13 Figure 1：Wages and Turnover since Bosman：the FA Premier League（millions）より筆者一部変更。

図表4－4　Five Forces Model

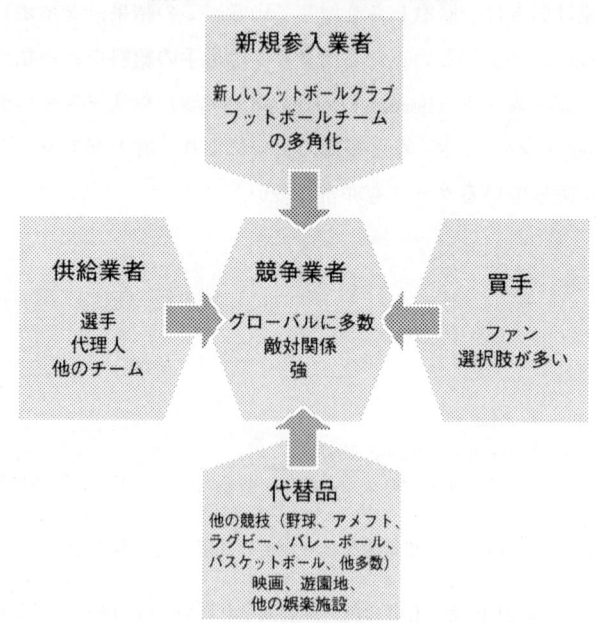

新規参入業者
新しいフットボールクラブ
フットボールチームの多角化

供給業者
選手
代理人
他のチーム

競争業者
グローバルに多数
敵対関係
強

買手
ファン
選択肢が多い

代替品
他の競技（野球、アメフト、ラグビー、バレーボール、バスケットボール、他多数）
映画、遊園地、他の娯楽施設

（出所）　M.E.PorterのFive forces modelを参考に筆者作成。

第4章　マンチェスター・ユナイテッド

4　企業分析

　このような厳しいサッカー業界で，MUはなぜ競争優位性を保っていられるのだろうか。MUのFinancial Directorのニック・ハーンビー（Nick Humby）は最近10年間のMUの躍進について以下の3つのポイントをあげている[6]。
・1992年に始まったプレミアリーグによって多額のテレビ放映権料を獲得したこと
・アレックス・ファーガソンの作ったチームが多くのタイトルを獲得したこと
・1991年に株式上場をしたこと

　しかし，これらの事実は多少の競争優位をもたらしたとしても現在のMUを作り上げた強力な競争優位性をもたらすものではない。なぜなら，このようなグローバル戦略は多くのクラブが行っており，模倣困難性は低く競争優位の源泉にはなりにくいからである。また，テレビ放映権料は莫大だが，他のチームや他のリーグにも収入があり，MUよりテレビ放映権料収入が多いクラブもある。株式上場や事業の多角化も他の多くのクラブが行っており，いずれも模倣困難性は低い。逆に株式上場は弊害もある。では，単純に"強さ"はどうだろうか。前述の通りファーガソンの作ったチームが多くのタイトルを獲得し，ここ10年のファンの獲得に貢献したことは間違いない。しかし，MUは10年前からすでに有数の人気クラブであり，この数年間の結果だけをもって競争優位性を確保しているとはいい難い。歴史的に見ても，現在までの優勝回数の合計では，レアル・マドリード（Real Madrid, スペイン）はリーグ29回，チャンピオンズリーグ9回，ACミランはリーグ17回，チャンピオンズリーグ6回であり，同じプレミアリーグに関してもリバプール（Liverpool, イングランド）は優勝回数リーグ18回，チャンピオンズリーグ5回を誇る。MUはリーグ15回，チャンピオンズリーグ2回記録しているものの，"強さ"に関しても格段の優位性を持

---

6)　小学館『DIME』3月4日号，p.57，インタビュー記事より一部引用。

図表4－5　欧州ブランド価値ランキング

million（$）

1	マンチェスター・ユナイテッド	259
2	レアル・マドリード	155
3	バイエルン・ミュンヘン	150
4	フェラーリ（F1）	110
5	マクラーレン・メルセデス（F1）	106
6	ユベントス	102
7	リバプール	85
7	バルセロナ	85
9	アーセナル	82
10	ウィリアムズBMW（F1）	79

（出所）　Future Brand（2002年）。

つとはいえ，これによって他のクラブよりも多くのファンを獲得し，収益を上げているとはいい難い。では，何が他のクラブと違うのか。それは強力なブランド力を持っているということに尽きる。ブランドコンサルティング会社のFuture Brandが2002年に発表した調査結果によると，MUはヨーロッパでNo.1のスポーツチームブランドとしての価値があるとされた（図表4－5参照）。この調査はなんと，F1のフェラーリなどを抑えた結果である。MUのサッカークラブとしてのブランド価値は世界で見てもトップクラスである。そしてそのブランド価値の源泉は他のクラブにはない独自の歴史が関係している。

5　模倣困難性を高める歴史

　MUの歴史はマット・バスビー（Sir Matt Busby）が監督に就任した1945年にさかのぼる。バスビーは1947年に現在のMUのユースシステムの原型を作り，積極的に若手を育てる方針を打ち出した。その結果，当時イングランド最高の

第4章 マンチェスター・ユナイテッド

選手といわれたダンカン・エドワーズ (Duncan Edwards) やボビー・チャールトン (Bobby Charlton)，デニス・バイオレット (Dennis Viollet) など多くの有望な若手の育成に成功し，彼らは1956年，1957年にリーグ二連覇を果たしBusby Babes（バスビーの子供たち）と呼ばれるようになった。強さとともに，その攻撃的なスタイルは多くのファンの賞賛を受けることとなった。しかし，1958年のヨーロピアンカップ (European Cup, 現Champions League) のレッドスター・ベオグラード (Red Star Belgrade, ユーゴスラビアー現セルビア・モンテネグロ) との準決勝（ベオグラードにあるホーム・スタジアムで開催：計5－4で勝利）終了後，帰国のために乗った飛行機が給油で立ち寄ったドイツのミュンヘンで離陸に失敗し墜落，選手8人やコーチ，トレーナーを含む23人が犠牲となり，ヨーロピアンカップ決勝を目前にクラブは崩壊した。生死の境をさまよいながらも，何とか生き残ったバスビーは6ヶ月後には監督に復帰し，クラブの再建に取り組むこととなる。この時，MUはイギリス国民に最も支えられるクラブとなり，有数の人気クラブとなった。選手の大半を失ったチームはリーグでも下位に低迷したが，バスビーは決してあきらめることなく，同じく生き残ったボビー・チャールトンを柱にし，再建を続け，1965年にはリーグ優勝を果たした。そして1968年，悲惨な事故から10年もの年月をかけてバスビーはヨーロピアンカップ決勝でポルトガルのベンフィカ (Benfica, ポルトガル) を破って念願のイングランドのクラブとしてはじめての優勝を果たし，Busby Babes の夢をかなえた。しかし，バスビーにも成し遂げられなかったことがあった。三冠の達成（FAカップ，プレミアリーグ，チャンピオンズリーグ）である。

バスビーの引退後，MUは低迷の時代を迎える。26年間もの間トップリーグの優勝から遠ざかったが，1986年に監督に就任したファーガソンがこの期間に終止符を打つのである。ファーガソンはバスビーの哲学やユースシステムを踏襲し，滞っていたユース育成に力をいれた。この努力が実り，多くの有望な若手選手を輩出することとなり，1992年にリーグ優勝を果たした。この若手たちはBusby Babesになぞらえて，Fergie Fledglings（ファーガソンの雛鳥たち）と呼ばれた。1994年1月20日，MUに奇跡の復活をもたらしたバスビーは85歳で

第Ⅱ部 ケース・スタディ

図表4−6　Manchester United の歴史（ブランド）による顧客ロックイン

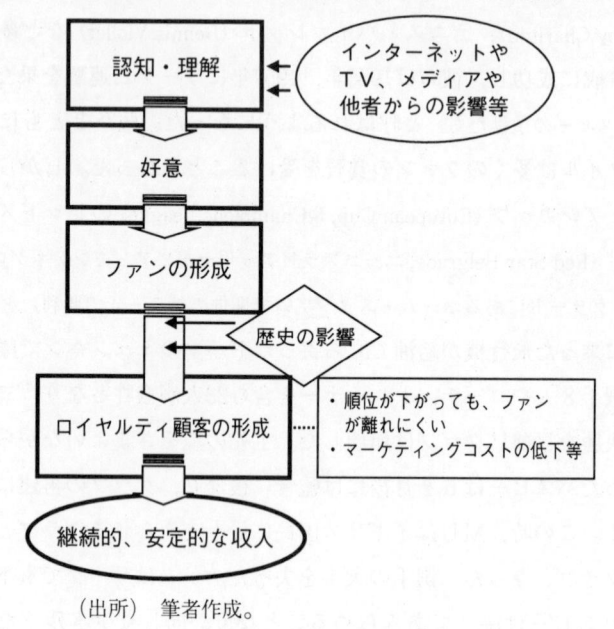

```
┌─────────────┐      ┌──────────────┐
│  認知・理解  │ ←── │ インターネットや │
└──────┬──────┘      │ ＴＶ、メディアや │
       │             │ 他者からの影響等 │
┌──────┴──────┐      └──────────────┘
│    好意     │
└──────┬──────┘
┌──────┴──────┐
│ ファンの形成 │
└──────┬──────┘
       │      ◇ 歴史の影響
┌──────┴──────────┐    ┌────────────────────┐
│ ロイヤルティ顧客の形成 │…│ ・順位が下がっても、ファン │
└──────┬──────────┘    │   が離れにくい         │
       │                │ ・マーケティングコストの低下等 │
 ╭─────┴──────╮          └────────────────────┘
 │継続的、安定的な収入│
 ╰──────────╯
```

（出所）筆者作成。

亡くなった。三冠の達成は彼の生きているうちにかなうことはなかった。1999年5月26日，MUはチャンピオンズリーグ決勝に進出する。これに勝てばイングランド初の三冠達成というところまで来ていた。対戦相手はドイツのバイエルン・ミュンヘン（Bayern Munich, ドイツ）だった。ボビー・チャールトンが観客席で見守る中，前半6分で先制のゴールを決められてしまう。1点差のままロスタイムへ突入し，観客は誰もがあきらめていた。しかし，最後まであきらめないMUはそのロスタイムの3分間で2点とって土壇場で大逆転し，奇跡の三冠を達成した。奇しくも対戦相手は飛行機墜落のドイツ，ミュンヘンのチームであり，この日は，バスビーの誕生日であった。

　フットボールは観客を魅了させる，一種のショウビジネスであり，クラブは映画スタジオのようなものだといわれる。このような映画でも見られないような，ある種伝説ともいえる予測のつかない出来事は，強力なブランドイメージを形成し，観客を魅了し，心を引き付ける。また，映画には魅力的な出演者も

第4章　マンチェスター・ユナイテッド

重要であるが，1950年代では，戦後イングランド代表最年少デビュー記録（この記録は，マイケル・オーウェンがデビューするまで40年以上破られなかった）を作ったダンカン・エドワーズをはじめとするBusby Babesが活躍し，1960年から1970年代においては，1968年のヨーロピアンカップ優勝に貢献した，ジョージ・ベスト（George Best）やデニス・ロウ（Dennis Law），ボビー・チャールトンなど，魅力的な選手が存在した。特に，ジョージ・ベストは，1968年にバロンドールを受賞し，端麗な容姿からThe fifth Beatle（5人目のビートルズ）と呼ばれ，映画スターに匹敵する猛烈な人気ぶりであった。1980年代のクラブの成績が低迷した時期においても，強烈なキャプテンシーをもち，イングランド代表でもキャプテンを務めたブライアン・ロブソン（Bryan Robson）やノーマン・ホワイトサイド（Norman Whiteside）など魅力ある選手が所属し，バスビーの時代からの攻撃的なスタイルを受け継いだ魅力あふれるフットボールは観客を魅了し，クラブの人気の1つの要因となっていた。1990年代は強烈な個性を発揮したエリック・カントナ（Eric Cantona）やロイ・キーン（Roy Keane）をはじめ，ライアン・ギグス（Ryan Giggs）やデイビッド・ベッカム（David Beckham）などのFergie Fledglingsの登場により，多くのファンを獲得した。特に，デイビッド・ベッカムはジョージ・ベストと同様に，その端正な容姿やプレーにより，映画スターに匹敵する人気を誇り，より多くのファンの獲得に貢献した。これらの登場人物たちは皆，その強い個性を発揮しMUの伝説をより一層魅力あるものにしている。現在では，ルート・ファン・ニステルローイ（Ruud van Nistelrooy）やイングランド史上最年少の17歳と111日で代表デビューを果たしたウェイン・ルーニー（Wayne Rooney）らがこれに続く。

このMUの伝説は顧客のロイヤリティ（Loyalty）を形成する1つの要因となっており（図表4－6参照），たとえ順位が下がっても，顧客であるファンは離れにくい（逆に支える）。これは，クラブの生涯価値（Lifetime Value）を高めることにつながり，クラブの利益に大きく貢献する。これはTV放映権料の上昇が頭打ちとなり，サッカー市場の成長が鈍化する中において，非常に重要である。図表4－7に示されているように，1956/57年シーズンまでは，観客数による

第Ⅱ部 ケース・スタディ

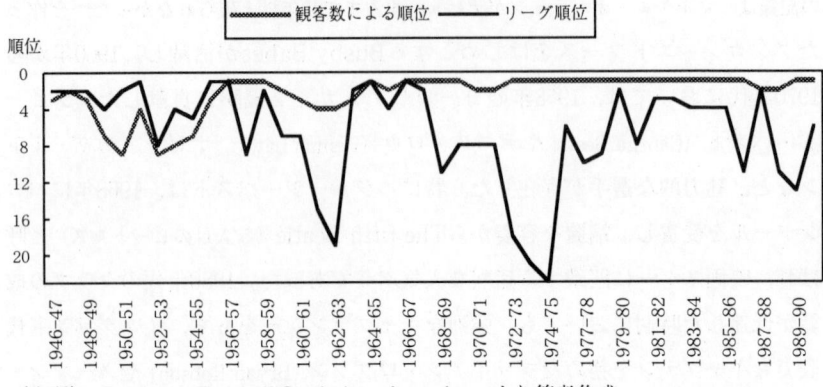

図表4-7 顧客数と順位の関係

（出所） European Football Statistics, Attendanceより筆者作成。

順位とリーグ順位はリンクしているが，飛行機事故後である1958/59年シーズン以降はリンクがみられず，1968年の奇跡のヨーロピアンカップ優勝以降の観客動員数はリーグ順位にかかわらず，ほとんど1位である（1990年以降では2位は1回のみ）。1974/75年シーズンには二部に降格しているが，なんとその時でも，観客数は変わらず1位なのである。また，これは逆に成績が上がれば，よりファンベースを強化することができることを意味する。以前の低迷期を脱した最近の成績では，前述の三冠も含め，1998/99年シーズンから2000/01年シーズンにかけて，プレミアリーグ三連覇を達成し，1992年のプレミアリーグ発足時からの13年間で8回のリーグ優勝を勝ち取っており，さらにファン数を拡大させている。

これは，前述した，売上高の上昇や観客席を76,000席にまで増やすことを計画していることからも伺える。問題点をあげるとすれば，ブランドによる顧客のロックインに依存し過ぎると，ブランドを毀損するような事象が起こった場合，築き上げてきたブランドによる資産を一気に失いかねないということである。たとえば，雪印乳業は2000年に起こした食中毒事件により，長年にわたって築き上げてきた雪印ブランドを急激に低下させた。最終的に，それは雪印企業グループにまで波及し，グループの解体・再編を余儀なくされる事態にまで

陥ってしまった。グレイザーによるMUの敵対的買収は，その資金調達方法などによりファンの反感を買い，一部のファンによる抗議デモにまで発展した。このようなことはファンのロイヤルティやブランドイメージの低下に繋がる懸念があり，グレイザーのこれからの経営手法に注目が集まっている。

6 おわりに

MUのインパクトのある歴史は他のクラブよりも強いブランド価値を作り出す大きな源泉となっていると考える。歴史を模倣することは困難であり，他のクラブが同じレベルのインパクトを持つブランドを一から構築することは不可能で，著しいコスト上の不利を強いられよう。MUはクラブの歴史をまとめたビデオやHPの製作，スタジアムにバスビーの銅像やミュンヘンの墜落時の時計，そのときのメンバーのリストなどを設置することやクラブのミュージアムをスタジアムに併設するなど，様々なものを通してより多くの人に歴史を伝え，ブランドを管理し，そのブランド価値をさらに向上させている。この高いブランド価値は事業の多角化の際にも効果が発揮されており，MUはいわば，惨事である負の遺産を逆に力に変えたといえる。

この貴重にして稀少なリソース (resource) はMUの持続的競争優位をもたらした。さらにMUは収益を上げにくい魅力の乏しい業界で，これを生かすことによって大きな効果と収益をあげることに成功している。以前より情報化が進んだ現代社会では，情報の伝達速度が上がり，かつ個人でも容易に情報が得られる状況にあるため，歴史などの情報が伝わりやすい。しかも，クラブが大きくなればなるほど，メディアの露出が増え，認知される機会も増える。これは，ファンの形成につながる機会が増えることを意味している。また，ファンの増加は口コミなどの情報発信者の増加を生み，ファンがファンを生み出していく。これらの状況は，一種の収益逓増の状況にあると考えられる。

そしてこのような歴史を成し遂げられた要因に，選手の能力に加え，バス

ビーがもたらしたフットボールに関する思想や攻撃的なプレースタイル,哲学をベースにした組織文化が根付いていることもあげられる。1942/43年シーズンから,1948/49年シーズンにかけて五連覇を成し遂げ,その偉大さからグランデ・トリノ (Grande Torino) と呼ばれたイタリアのクラブ,トリノも1949年,飛行機事故によって,監督や選手全員が犠牲となっている。しかし,トリノは残念ではあるが,MUのように,その負の遺産を力に変えることができなかった。この点に関して,バスビーの不屈の精神は非常に重要なポイントであり,この歴史に大きな影響を与えたと考えられる。また,バスビーが伝えたものの1つとしてフォア・ザ・チームの精神がある。MUでは選手だけでなくスタジアムの投資も従業員の雇用も同じ投資とみなしており,すべてがチームのためにある。選手だけでなく役員からスタジアム入口の係員まで,クラブのあらゆる場面にかかわる多くの人々は,いつでも力を合わせ,懸命に試合のための準備を怠らない。従業員もMUのファンであるため,モチベーションが非常に高いといえる。この点は,ファーガソンがバスビーに関して,彼の死後10年目の節目の年に,

「"The foundations of everything that has happened at this club were made by Sir Matt Busby. That's his legacy, and it will always be there."(このクラブで成し遂げられたすべての基礎は,サー・マット・バスビーによって作り上げられた。それは彼の遺産であり,それは常にクラブにあり続けるだろう。)」,

と語っている[7]ことからも垣間見える。この組織文化をクラブ全体に浸透させることによってクラブが一丸となり,このMUの歴史が成立した。歴史と思想,哲学がMUのブランドと文化を醸成し,この複合的な競争力は他のクラブが模倣できないような業績をもたらしている。

---

7) Manchester United Official Web Site 'Fergie pays tribute to Matt Busby' インタビュー記事より一部引用。
　　<http://www.manutd.com/news/fullstory.sps?iNewsID=51838&Itype=&iCategoryID=>

第4章　マンチェスター・ユナイテッド

【参考文献】

Barney, J. B. (2002) *Gaining and Sustaining Competitive Advantage*, Prentice Hall（岡田正大訳『企業戦略論〔上〕〔中〕〔下〕』ダイヤモンド社, 2003年）.

BBC NEWS 'Glazer set to unveil United offer' 18 May, 2005.
　＜http://news.bbc.co.uk/1/hi/business/4558005.stm＞

BBC NEWS 'Glazer gets 98% of Man Utd shares' 28 June, 2005.
　＜http://news.bbc.co.uk/1/hi/business/4629401.stm＞

British Council Japan, ミュンヘンの悲劇。
　＜http://www.britishcouncil.org/jp/japan-sport-footballculture-history-manu-munich.htm＞

Bostock, A. and Dixon, R (1998) '*Access All Areas: Behind the Scenes at Manchester United*', Andre Deutsch Ltd.

Deloitte & Touche, Sports Business Group.
　＜http://www.deloitte.com＞

European Football Statistics, Attendance.
　＜http://www.european-foot ball-statistics.co.uk/attn.htm＞

F. A. Premier League Official Web Site.
　＜http://www.premierleague.com/＞

Ferguson, A. and Meek, D. (1997) '*A WILL TO WIN*', Andre Deutsch Ltd.

Future Brand.
　＜http://www.futurebrand.com/＞

Manchester United Official Web Site.
　＜http://www.manutd.com/＞

Manchester United Annual Report (2001, 2002, 2003, 2004).
　＜http://ir.manutd.com/manutd/findata/reports/＞

Manchester United Zone.
　＜http://www.manutdzone.com/index.html＞

Porter, M. E. (1980) *Competitive Strategy*, The Free Bess（土岐 坤・中辻萬治・服部照夫訳『競争の戦略』ダイヤモンド社, 1982年）.

Reichheld, F. F. (2001)「ロイヤルティ・リーダーシップ」*Harvard Business Review*, ダイヤモンド社, 10月号．

Stefan Szyamanski (1998) 'Why is Manchester United So Successful ?' '*Business Strategy Review*', Volume 9, issue 4, London Business School.

Williams, J. and Neatrour, S. (2002) 'Fact Sheet 10 The 'New' Football'.

Economics' Sir Norman Chester Centre for Football Research, University of Leicester.
　＜http://www.le.ac.uk/so/css/resources/factsheets/fs10.pdf＞

中川理之, 日戸浩之, 宮本　弘 (2001)「顧客ロックイン戦略」『*Harvard Business Review*』, ダイヤモンド社, 10月号．

第5章

信越化学工業

　　　同社の「持続的競争優位の源泉」とはまさしく「長期的視点に立ちながら，絶えざる技術の蓄積と同時にダイナミックに戦略を展開しうるリーダーシップとそれを実現していく独自の組織能力」にある。

1　はじめに：優れた財務状況

　持続的な成長を続ける企業の言葉通りの経営を行っている企業が，化学大手の信越化学工業である。同社は最終製品を製造している企業ではないため，一般の知名度こそそれほど高いわけではない。しかしながらシリコン・ウェハーや塩化ビニル樹脂，セルロース誘導体や電子産業用レア・アースマグネットなど，多くの企業や製品に欠くことができない重要な中間財製品を生産している企業である。身の回りにも，たとえばオフィスの照明に使われているレア・アース，ヘアブラシに用いられているシリコーン，医薬品の錠剤に用いられているセルロース誘導体など，同社の製品は意外に多く用いられている。このように，製品こそ一般の人の目を引くものは多くないが，同社は，こうした競争優位が評価され，株式市場で高い評価（＝高株価）を受ける化学メーカーとして，知名度こそ高くないが日本を代表する企業の1つでもある。

　信越化学工業の売上高は，グループ全体で9,675億円（2005年3月期）である。規模だけで見ると，国内の大手化学メーカー，たとえば三菱ケミカルホール

ディングス21,894億円,三井化学12,275億円,住友化学12,963億円(売上高の数字はすべて連結)などに比べて決して大きいとはいえない。しかし,信越化学工業の実力は売上高だけで測ることはできない。その1つの理由に,信越化学工業は,売上高で上回る同業他社を大きく上回る収益力を誇っている点があげられる。直近の売上高経常利益率は,大手化学メーカー中トップの15.7%を誇る。他社の売上高経常利益率を見ると,おおむね6～10%程度の水準にとどまっていることからすると,信越化学工業が高い収益力を維持していることがうかがえよう。さらに,この勢いは決して一時的なものではない。収益の趨勢を見ると,2005年3月期で10期連続の増益(連結ベース)を果たすなど,まさに「持続的かつ長期的な成長」を達成している会社である点が改めて理解できる。

同社の財務的な強みはそれだけではない。同社はまた,非常に安全性の高い会社でもある。安全性が高いということは,急激な原料価格の変動や需要動向の変化,あるいは不慮の事故などの予想できない外部環境の変化に対する備えがより厚いということを意味する。たとえば同社の安全性を示す指標の1つである連結株主資本比率は67.5%にも達する。これは,やはり大手化学メーカーの中で突出した数字であり,住友化学の連結株主資本比率が34.5%,三井化学33.7%,三菱ケミカルホールディングス22.6%と他社が20～30%の水準にとどまっていることから見ても倍以上の水準である。このことからも,信越化学工業が極めて安全性の高い企業だということができるだろう。

安全性の指標の1つでもある手元資金も豊富である。現在,同社のネットキャッシュ(手元流動性-有利子負債)は2,321億円と,大手化学メーカーの中ではこれも突出した数字になっている。こうしたネットキャッシュは,いざというときの備えになるのはもちろん,これを新規の設備投資やM&Aなど,新たな成長戦略に生かすことも十分可能になるといえよう。実際に,2005年12月にはシリコン・ウェハーの加工を手がける三益半導体工業に対してTOB(株式公開買い付け)をかけるといった動きを見せている。

こうした収益性や安全性の高さを反映して,同社の株価は6,430円(2006年1月19日現在)。同業他社と株価や企業価値を比べると,極めて高い水準にあるこ

第5章　信越化学工業

図表5－1　大手化学メーカーの売上高および利益水準

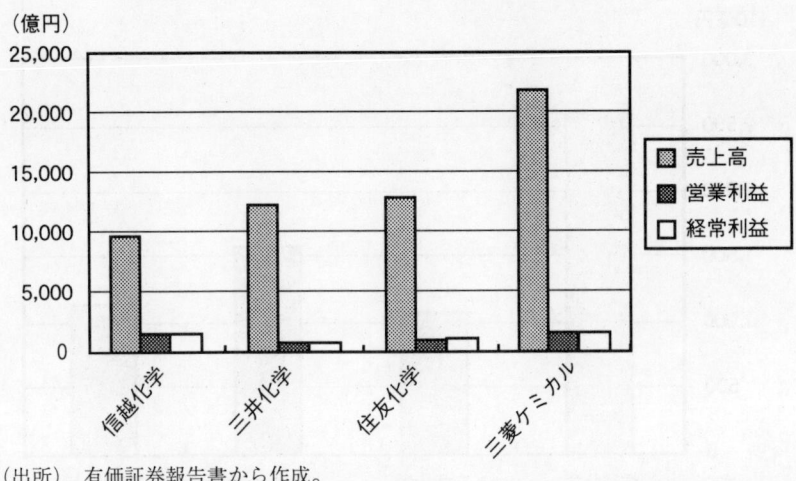

（出所）　有価証券報告書から作成。

図表5－2　大手化学メーカーの売上高経常利益率

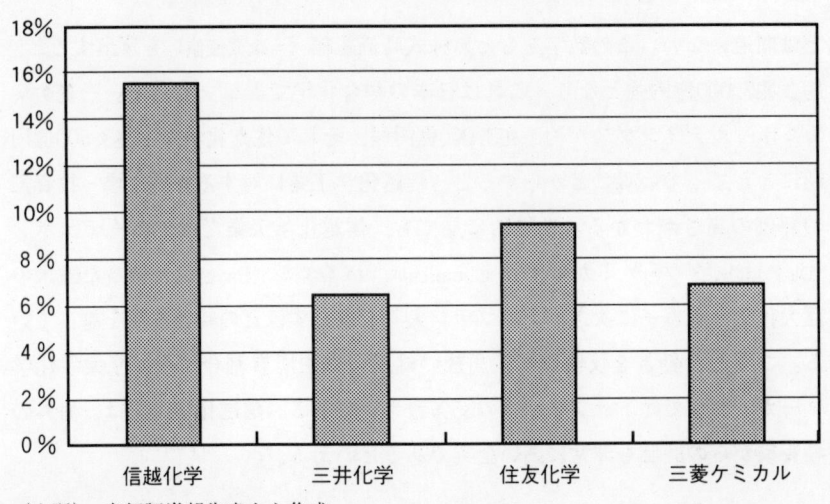

（出所）　有価証券報告書から作成。

第Ⅱ部 ケース・スタディ

図表5－3　大手化学メーカーの株式時価総額

(10億円)

[棒グラフ：信越化学 約2,600、三井化学 約1,070、住友化学 約1,560、三菱ケミカル 約1,130]

（出所）有価証券報告書から作成。

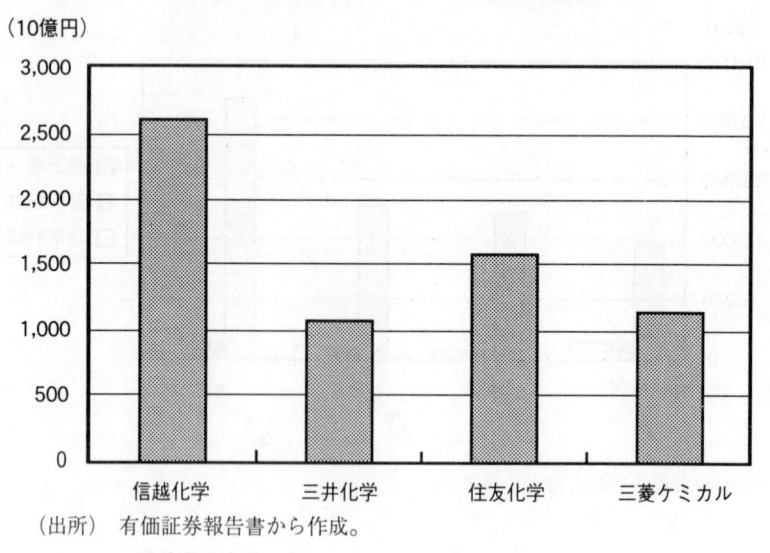

とは間違いない。この数字をもとに株式時価総額（＝企業価値）を算出すると，約2兆7,000億円強となり，これは日本の総合化学でトップである。三菱ケミカルホールディングスが約1兆3,000億円弱，そして住友化学が1兆3,500億円超にとどまっていることからすると，信越化学工業に対する株式市場・投資家の評価の高さがわかる。世界的に見ても，信越化学工業だけでなくデュポン（Du Pont），ダウ・ケミカル（Dow Chemical），バイエル（Bayer）といった欧米の巨大化学メーカーに次ぎ，トップテン入りを果たすほどの時価総額を誇っている。こうした動きを反映して，同社の外国人株主所有割合はやはり大手化学メーカーの中ではトップクラスの30％台半ばである。信越化学工業は，海外の投資家からの評価も非常に高い企業であるといえる。

2 信越化学工業の強み：5つの競争要因等による分析

このような同社の順調な成長を可能としている持続的競争優位の基盤はどこに求められるのであろうか。この競争優位の源泉はいくつか考えられるが，たとえばポーターの5つの競争要因によって分析してみよう。

まず，「新規参入の脅威」である。信越化学工業が主力とするシリコン・ウェハーや塩化ビニル樹脂などは，既に世界トップシェアを確保しており，新規参入の脅威は極めて少ないといってよい。もちろん，同社が得意とする製品は装置産業でもあり，さらに微細な製造技術や研究開発の積み重ねなどが必要など，参入コストも大きい点，あるいは製造ノウハウの蓄積なども新規参入を阻む要因になっている。

次に，「業界内の競争」である。シリコン・ウェハーなどは，すでに激しい競争により業界内の淘汰が進んでおり，上位3社の世界シェアは8割に達するほどである。その中でも信越化学工業は世界4割のシェアを持つといわれ，この競争優位を利用してさらに技術開発やワンランク上のサイズの供給をスタートするための投資を先行して行うなど，すでに確保している競争優位をうまく次の成長につなげるメカニズムができあがっている。たとえば，シリコン・ウェハーでは，2001年2月に，世界に先駆けて300㎜の製品の量産をスタートすることで先行者利益を享受，きっちりとシェア確保につなげている。ちなみに塩化ビニル樹脂も世界トップシェア，シリコーンは国内で首位，世界で第3位のシェアを確保している。

続いて「代替品の脅威」である。現在の半導体業界では，ICチップの製造のために，シリコン・ウェハーは不可欠の存在である。今後は家電のデジタル化など，さらに多くの需要が見込まれる一方で，当面現在のシリコン・ウェハーに代替する製品は存在しない。これは塩化ビニル樹脂など同社の他の主力製品にも共通することで，その意味では「代替品の脅威」は非常に少ないとい

える。

　それでは,「買い手の交渉力」,「売り手の交渉力」についてはどうか。もちろんシリコン・ウェハーに代表される素材産業では,顧客(需要サイド)の影響を大きく受ける。そのため,いわゆるシリコン・サイクルの影響は避けて通ることはできない。もちろん,現時点では,信越化学工業自身もシリコン・サイクルの影響をまったく受けないわけではない。しかし,後に述べる多角化がうまく機能していることで,シリコン・サイクルの影響を最小限にとどめているのである。当然,信越化学工業の製品そのものが持つ競争優位性も,顧客のスイッチングを防いでおり,その意味では同社の交渉力は比較的強いものがあるといえよう。もちろん,原料となる塩ビモノマーも,数十年にわたって米ダウ・ケミカルから長期安定価格で仕入れており,無駄な「交渉力」を行使しなくても済む体制になっている。

　次に,バーニーのVRIOフレームワークから同社を分析してみたい。VRIOフレームワークに即してみると,①『世界一平らな製品』であり,半導体等に不可欠なシリコン・ウェハー等の多くの分野で競争力をもった製品を製造する力を保有するという経済価値,②半導体シリコンや塩化ビニル樹脂などで自社がトップクラスのシェアを確保するなどの稀少性,③高難度の技術力を獲得したり,製造技術の「内製化」で模倣を防止するという「模倣可能性の引下げ」の実現,④トップダウンの指揮命令をうまく研究開発や製品に結び付ける組織力,という同社の姿が浮き彫りとなる。これらの競争論的視点からも同社の強みを明らかにすることが可能である。

3　信越化学工業の歴史

　このように,近年において持続的な成長を遂げ,収益性や安定性など同業他社を上回るパフォーマンスを示してきた信越化学工業であるが,設立当初からこのような競争力を持っていたわけではない。そこで,同社の設立以来の歴史

第5章　信越化学工業

を簡単に追ってみたい。

　信越化学工業はもともと窒素肥料会社として1926年に発足した。社名からわかるように，長野県の信濃電気と日本窒素肥料の共同出資によって誕生した会社であり，かつては長野市に本社が置かれていた。創業当初は，石灰窒素やカーバイドなどを中心に肥料の生産からスタートしている。しかしその後，世界恐慌や世界中で肥料が生産過剰状態になったことなどから，同社の経営は不安定なものとなり，一時は工場の貸与や生産中止という事態を招いたこともあった。

　このように肥料事業が不安定であったこともあり，模索された新規事業が金属マンガンなどの事業であった。信越化学工業という現在の社名に変更されたのも，こうした多角化の実態を反映したものである。つまり，もともと過剰生産状態にあり，将来の成長が見込めなかった肥料業界から脱却するために，いかにして新規分野を育成するかという信越化学工業の先人たちの試みが早くもこのころから如実にあらわれていたといえる。

　同社の現在の主要製品となるシリコンや有機合成，純水金属を基幹事業とする方針が決められたのは，戦後間もない1954年のことである。このことからすると，同社もソニーやホンダなどと同様，日本の混乱期に多大な努力を重ねて飛躍の礎を築いた企業の1つであるといってよいかもしれない。ちなみにシリコンは，ケイ素（Silicon）と純有機化合物（ketone）の2つの語から作られた言葉で，日本国内では1953年に，ＧＥ（General Electronic Company）と特許実施権契約を締結した東京芝浦電気，そして信越化学工業が相次いで国産を開始したのが始まりである。信越化学工業は戦前から金属ケイ素を製造してきたことなどもあり，シリコンの研究に着手したようである。ただし，当時は国際的な知名度はもちろんなく，当事は製造のためのライセンス取得も困難を極めたといわれる。

　さらに，現在の信越化学工業の主要事業の1つである塩化ビニル樹脂事業に進出したのは1957年である。当時，国内だけですでに10社を超える塩ビメーカーが乱立している状態にあったが，1954年に「3つの新規事業」を目標に掲

げていたこともあり，研究開発を重ねながら，この分野に進出したのである。そして，1955年からの10年間（昭和30年代）には残された3番目の新規事業である高純度シリコン事業にも進出することになった。さらに，1965年からの昭和40年代はじめに全社売上高中約70%を占めた塩化ビニル，肥料・合金部門は1975年からの昭和50年代はじめにはその比率を50%にまで下げることになった。その一方で，シリコン，半導体シリコン，セルロースなどの部門は合計で約30%ほどを占めるに至った。この頃から新規事業をうまく成長させ，他の化学メーカーにない事業構成を実現したことは注目に値する。

4 持続的成長の要因：優れた多角化

すでに述べたように，信越化学工業が持続的な成長を達成しているわけであるが，この要因の1つとしてあげられるのが，優れた多角化である。同社の歴史からもわかるとおり，信越化学工業が当初から競争力を有していた製品を作っていたわけでは決してない。むしろ，場合によっては業界内でも後発に位置していたこともあったのである。こうした時間の遅れ，あるいは急速な成長を可能にしたのが同社のコア事業を軸とした製品多角化であり，巧みなM&A戦略である。まず，前者について述べたい。

もともと多角化戦略は，ある事業が不振でも他の好調事業がその不振を補うことによってリスクを軽減することで，企業体全体として成長を続けようとする戦略である。米国ではこのような理論が認められ，大戦後にはいわゆるコングロマリット的多角化がもてはやされた時代があった。しかし，現実には，多方面への投資が必要となることで投資のコントロールが困難化したり，あるいは研究開発などが総花的になったりするという形で経営資源の分散を招きがちになるといったデメリットが顕在化してきた上，さらに異分野のマネジメントが（専門経営者であっても）難しいなど，成功を収めることが非常に困難な戦略だという認識が広まり，場合によっては多角化により企業価値を損なうコング

第5章 信越化学工業

ロマリット・ディスカウントという言葉さえも聞かれるようになってきた。こうして，現在はコア事業を拡大するような多角化でない限り成功は難しいという判断が一般的になっている。こうした観点からすると，信越化学工業はコア事業を中心とした多角化戦略で成功している好例といえるであろう。

同社の場合，現在の事業構造は4つの分野から成り立っている。まず，窓枠や外壁材などの建築材料，あるいは塩ビパイプや管材，農業用ビニルハウスなどに用いられている塩化ビニル樹脂と，ガラスの接着やトイレタリー製品など幅広い分野で使われるシリコン樹脂の2つを抱える有機・無機化学品，そしてパソコン，携帯電話やデジタル家電などに幅広く使用されているシリコン・ウェハーが主力の電子材料，光ファイバーの中間素材プリフォームが中心の機能材料である。

これらの事業分野はいずれも信越化学工業のルーツといえるケイ素化学から派生したもの。もちろん，素材だけでなく技術もそうである。たとえば同社の有機合成技術から，セルロース誘導体やフォトレジストが誕生した。また，単結晶化技術を用いたものが半導体シリコンであり，光アイソレータである。

その意味では，同社がコア事業・コア技術を中心に「戦略性ある多角化」を志向してきたことが伺える。すでに述べたように，多角化に踏み切る場合，コア事業と関連性の深い分野への多角化の方が成功につながりやすいとされる。この背景には，研究開発や生産設備，人的資源，あるいは製造や開発ノウハウなどでシナジーが生まれやすいという点がある。これとは逆に，無目的な多角化は，経営資源の拡散につながり，企業価値向上にはつながらない。むしろ多角化の失敗，あるいは「コングロマリット・ディスカウント」として，企業価値を損なう結果につながることが多い。同社がとった多角化はコア事業を軸としたものであり，経営資源の拡散をともなわない。その意味では極めて理にかなっている戦略といえるだろう。

その一方で，各事業の市況サイクルや地域・エリアごとの需要状況は異なっており，ある事業の市況や需要が低迷しても，他の事業がそれを補うという多角化のあるべき姿はしっかりと確保している点に同社の強みがある。

たとえば，2003年度は，世界的な需要低迷によって光ファイバー用プリフォームが不振に陥ったこともあり，機能材料部門の売上高は前期比14.7％の大幅減，営業利益も25.1％の大幅減となった。しかし，他の3部門はそれぞれ増益を確保しており，結果として連結売上高および営業利益は前期比プラスを確保している。このように，ある事業が伸び悩んでも他の事業がそれをうまくカバーするという形が機能することで，企業体全体としての持続的な成長につながっている。

これは何も最近のことだけではない。古くは，昭和50年代前半の不況時においても，塩化ビニル事業の低迷をシリコンや海外事業が補う形になっていた。さらに昭和50年代後半からは半導体シリコン，電子材料，セルロースが収益に寄与しはじめる。同社は，伝統的に多角化がうまく機能しているといってよいであろう。

さらに，同社の製品ポートフォリオも，オールドエコノミー向けで比較的安定した需要をもつ汎用品（塩ビ）と，将来性ある特殊品（半導体シリコン，フォトレジスト，シリコン等）という組み合わせになっている。こうしたバランスのとれた製品ポートフォリオも，安定収益を確保しながらの成長機会の模索を可能としている。同時に，安易にオールドエコノミー向け事業から撤退・売却せず，古い事業でも利益が出ている限りは大事にするという同社の哲学も貫かれている。

図表5－4は信越化学工業の技術展開図である。これを見ると，同社の技術展開が単結晶化技術や粉体・焼成技術，あるいは有機合成技術を核として，原料や製品開発につなげていることがよくわかる。こうした，コア技術・製品を中心とする製品開発を可能とするために，同社ではすべてのR＆D拠点が工場敷地内に置かれているという。また研究テーマも，営業部門から吸い上げられた市場・顧客ニーズが開発・研究部隊に伝達され，それに基づいて研究テーマが決まるという形がとられている。したがって，同社は最近しばしば見られる研究のための研究や現場を見ないR＆D部門といった問題とは無縁である。

また，同社の売上構成を見ると，地理的なバランスの良さも目立つ。かつて

第 5 章　信越化学工業

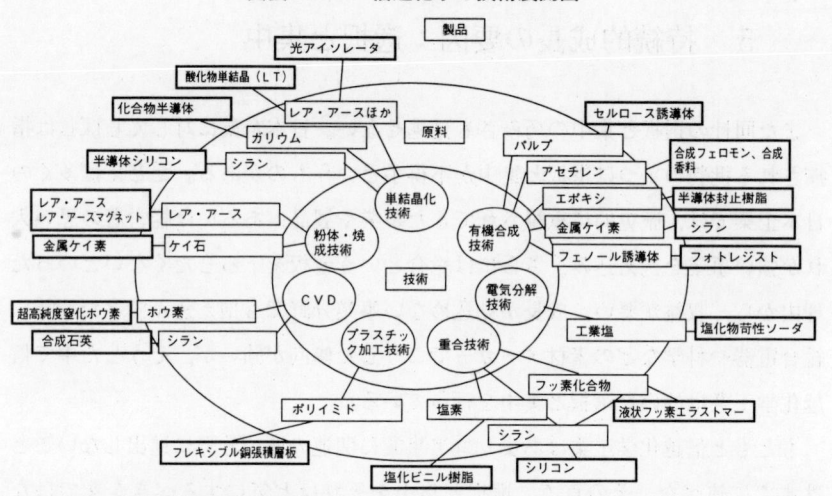

図表 5-4　信越化学の技術展開図

中心円：単結晶化技術／粉体・焼成技術／CVD／プラスチック加工技術／重合技術／電気分解技術／有機合成技術

周辺ラベル（製品・原料）：製品、光アイソレータ、酸化物単結晶（LT）、レア・アースほか、化合物半導体、ガリウム、原料、セルロース誘導体、半導体シリコン、シラン、パルプ、合成フェロモン、合成香料、レア・アース、レア・アースマグネット、レア・アース、アセチレン、半導体封止樹脂、金属ケイ素、ケイ石、エポキシ、シラン、超高純度窒化ホウ素、ホウ素、金属ケイ素、フォトレジスト、合成石英、シラン、フェノール誘導体、工業塩、塩化物苛性ソーダ、ポリイミド、塩素、フッ素化合物、フレキシブル銅張積層板、塩化ビニル樹脂、シラン、液状フッ素エラストマー、シリコン

（出所）　信越化学工業会社案内。

の信越化学工業の売上構成は，国内のウエートが非常に高かった。しかし，これも近年は分散化が進められている。現在の市場別売上高を見ると，最も売上高が大きい日本でも構成比は33.0%に過ぎない。北米（22.4%），アジア・オセアニア（29.0%），欧州（12.3%）と，適度に分散された売上構成比の数字からもわかるとおり，特定の地域の需要動向に業績が左右されない構造になっている。これも最近の同社の躍進と無関係ではないと考えられる。その理由は，増益基調をたどった10年ほど前からこうした傾向が顕著に見られるためである。わずか10年前の1994年には，国内売上高が全体の3分の2ほどを占めていたことからすると，いかに短期間で海外売上高の増加につなげたか，そしてこのことも同社の安定成長に貢献してきたがよくわかる。

第Ⅱ部 ケース・スタディ

5 持続的成長の要因：選択と集中

　また同社の選択と集中の巧みさも見逃せない。日本企業に対してしばしば指摘される批判の1つに選択と集中が不得手というものがある。たとえば多くの日本企業では，歴史的に重視されてきた事業や製品，あるいは経営者の思い入れが強い事業を抱え込み，さらには総合という看板を下ろしたくないといった理由から，収益が悪い，成長が見込めない事業分野でも抱え込んできた。特に総合電器や科学などの素材メーカーでこうした傾向が強いが，そうした中で信越化学工業は的確な選択と集中を行っている。

　もともと信越化学工業はあまりコア事業に関連の薄い分野に進出しないことはすでに述べた。その点で，選択と集中をそれほど気にするべき企業ではなかったのかもしれない。しかしそれでも，1970年代に発生したオイルショック以降，塩ビ・肥料といった汎用品から電子材料・機能材料等の特殊品へと軸足を移し，なおかつ海外比率を4割に高めるなど，積極的に事業構造を変革してきた。最近でも，たとえば，2003年に創業以来続けてきた肥料事業関連子会社のシンエツ化成をコープケミカルに売却しているし，古くは1971年にセメント事業である明星セメントの持ち株を日本セメントに譲渡，セメント・石灰石事業から撤退した。このように，将来の成長が見込めないと判断すれば適切なタイミングで事業売却に踏み切るなどの意思が同社からは伺える。

　一方で，自社が得意とする分野には集中投資する姿勢は明確である。たとえば，2004年には，米国での塩化ビニル樹脂の一貫生産のため1,000億円規模の投資を行い，2007年末までに原料の塩素から塩ビモノマー，塩ビ樹脂までの一貫生産を段階的に行うだけでなく，生産能力も3割増にするという判断を下し，業界の注目を集めた。また，現在の中心製品の1つである300mmシリコン・ウェハーの生産能力についても段階的に増強し，現在の月産能力30万枚を2006年には50万枚，そして2007年以降には70万枚まで引き上げるという戦略を打ち出した。このように，強みを持ち，成長が見込める分野には重点的に，かつ迅

速に投資する。同社の姿からは，同業他社の後追いは行わないという精神を感じ取ることができる。

この他にも，M＆A戦略を用いて選択と集中を進めてきたのも同社の特徴である。最近でも，セルロース事業強化のため，2003年にスイスの化学品メーカーであるクラリアントのセルロース部門を買収している。この買収によってメチルセルロースでは，信越化学工業が現在有する生産能力2万t/年と合わせた4万7千tは世界第1位の生産能力となった（その後，ダウ・ケミカルの増産により，現在では世界第2位）。もともと塩ビなどが世界トップクラスのシェアを獲得するに至った裏には，M＆Aの存在が大きかった。自社では不足している資源を外部から調達するというM＆A戦略は，有効に活用することで大きく成長戦略に貢献する。これもやはり，コア事業を強化するという哲学のもと，本業と関連のない事業に足を踏み入れない点はM＆Aにおいても同様である。

このように，信越化学工業が選択と集中を実行している背景には，強い事業をますます強くすることが一番リスクが少ない，という同社の哲学があるようである。強い事業を残して，そこに集中投資する。他の総合化学大手がこれまで総花的な事業展開を行い，その見直しに時間をかけてきた中で，同社が選択と集中路線を維持してきた点は特筆すべきであろう。

6　持続的成長の要因：優れた技術

さらに，同社の安定成長を支えている要因のもう1つに，主力事業で圧倒的なシェアを確保していることも大きい。塩ビと，半導体デバイスの基板となるシリコン・ウェハーのシェアは現在世界トップである。キーボードなどに使われるシリコンも世界3位のシェアを持つ。

特に人間が作るもので，もっとも平らな製品といわれ，「イレブン・ナイン（99.999999999％）」と呼ばれるほど高純度化されたシリコンを原材料とするシリコン・ウェハーは，同社の技術力を表す象徴的な製品の1つとして名高い。

第Ⅱ部　ケース・スタディ

ちなみに、信越化学工業の技術開発力の高さを象徴的に示す、「シリコン・ウェハーの平坦さ」で見てみる。仮に口径200ミリのシリコン・ウェハーをかつての後楽園球場に換算して考えると、そこに65ミクロン（1ミクロン＝1,000分の1ミリ）の微分子がついており、凹凸があったのでは不合格というほどである。これほどの精度を持ったウェハーを低価格で量産できることにも、同社の技術力の高さが伺えよう。

このシリコン・ウェハーは、ケイ石から珪素を取り出して作る高純度の結晶の固まりを薄くスライスしたものである。微少なIC回路を載せるために平坦さ、そして回路が正しく作用するための純粋さ（ウェハーに不純物がないこと）、さらには1枚のシリコン・ウェハーからより多くの半導体が作れるよう「大口径化」などが求められるが、信越化学工業はそれらのニーズを着実に充足してきた。半導体需要が増えるにつれ、メーカーからの大口径化の要請に対応し、信越化学工業では現在300ミリのウェハーを製造できるまでになっている。ただし、ここまでの大きさのウェハーを製造するに際しては、シリコンの製造や研磨など、技術面では非常に困難なものがあり、技術的難度は非常に高いものであった。これは同社の職人的技術や開発に対する努力で解決したもので、たとえば口径が大きくなると、原材料も重量が100キロを超えるなど、結晶づくりの技術も難度を極める。そこで強力な磁場を作って引き上げる方法（MCZ法）を考案し、成功につなげた。

シリコン・ウェハーの製造工程には、精製や単結晶化、切断、研磨、洗浄などがあるが、たとえば、結晶化技術でも、断面内の抵抗率分布が均一な結晶や低酸素濃度の結晶（世界ではじめて規格化）を作ることに成功し、さらに加工面でも新技術を導入、超研磨法や超洗浄法で歪みや不純物を除いた鏡面ウェハーなども完成している。さらに、背面に敢えて歪みを入れた背面歪み入り鏡面ウェハーなどは世界的に評価され、差別化のポイントになっている。

こうした製造技術には、独自のものも多い。そこで、信越化学工業ではノウハウ流出を防ぐ意味もあり、単結晶製造機や研磨機など、製造装置は内製化している。これは同時に品質と生産の差別化も進めることになった。市販機を購

入して製造すれば，自社用に改造やオプションを付加することなどによって，技術が流出してしまうとの懸念からである。近年では効率性引き上げの御旗の下，アウトソーシングを推進する企業が多かった。しかし，安易なアウトソーシングは社内にノウハウが残らないといった問題も抱えることになった。この意味では，安易なアウトソーシングに頼らず，社内での技術やノウハウの蓄積が競争力の源につながるという同社の意思，先見性が奏功したといえるだろう。

7　持続的成長の要因：金川社長のリーダーシップ

　信越化学工業を語る上で無視できないのが，同社を率いる金川千尋社長の存在である。金川社長の存在，そしてリーダーシップこそが信越化学工業の大きな強みといって過言ではない。

　合理的な選択と集中をきっちり進めていることも，金川社長のリーダーシップによるものであり，会社を自分の目が届く範囲に保つというやり方も特徴的である。そこには，売上高などが増えれば良いとか，多くの製品が出れば良いといった，無意味な拡大主義はとられていない。そして本業以外には手を出さないのも金川社長のスタイルである。バブル期に浮上したホテル事業の展開案を却下したのも金川社長である。本業と関係のない事業では専門知識がない上状況を見る目を持ち合わせておらず，適切な判断ができないという理由からである。一方で，必要と考える投資判断は的確に行い，最終的な判断は自らが下している。リスクの判断は自分が行い，責任も自分がとる，という姿勢は非常に明確である。たとえば2001年，同社の米国子会社であるシンテックは，競合相手である米国ボーデンケミカル&プラスチックス・オペレイティング・パートナーシップの米国工場を47億円で買収する決定を金川社長が下している。このように，重要な判断を行ったり，社内の官僚主義・悪い常識を覆したりするのが社長の仕事だと金川社長はいう。こうしたリーダーシップが社内にも良い影響と緊張感をもたらしているのは間違いない。

第Ⅱ部 ケース・スタディ

　このように合理的経営スタイルをとる一方で，信越化学工業は，多くの米国企業のように雇用確保を軽視したり，短期的視点で動いたりする企業ではない。近年，日本型の経営が再び脚光を浴びている。かつてはトヨタ自動車でさえもが，終身雇用制を理由として米格付け会社から格下げの対象となるほど，日本的経営に対する批判が強い時代もあった。しかし，持続的な成長を続けるトヨタ自動車やキヤノンといった日本的経営を標榜する優良企業の経営スタイルが見直されているのと同じく，長期的な視点を持つ信越化学工業の経営スタイルにも注目が集まっている。

　最近の日本的経営とは，かつての終身雇用，年功序列，稟議制度，ケイレツといった言葉だけで単純に語ることはできない。もちろん，トヨタ自動車やキヤノンは，基本的にリストラは行わず，従業員と暗黙の間に結ばれた長期契約を前提に，企業トップが莫大な報酬を得ることなく，従業員や取引先，地域社会といったステークホルダーとともに発展成長していくというモデルである。こうした企業においては，企業の視点は決して，四半期や1年間ではない。彼らの物差しは時によっては数年，数十年といった単位である。原価を低減し，スムーズな製品開発を行うために部品メーカーを指導し，共同作業を実施する，そしてむやみにサプライヤーを絞り，部品メーカーからの利益移転だけで業績改善をしない，さらに従業員とも長期的な関係を築き，安易な賃下げは行わない。地域社会とも安定的な関係を築き，工場閉鎖などはなるべく避ける。こうした新たな日本的経営が，安定成長の源として注目されているのである。信越化学工業もこうような日本的経営の良き面を実践している企業といえる。

　また，長期的な視点で事業を捉える点も特徴的である。冒頭で述べたように，信越化学工業は多くのネット・キャッシュを持っているが，これを安易に自社株買いなどに回すことはしない。むしろ，ぜひとも投資したいチャンスがめぐってきたときに手元に必ずキャッシュがある状態にしておく，というのが同社のスタンスである。米国では，手元に余剰なキャッシュがあれば，株主からの圧力などを受け，自社株買いやM＆Aに回すことになりがちである。ただし，こうしたやり方では企業の業績が悪化したり，天災などのトラブルに直面した

りすると企業の屋台骨が傾くことになってしまう。また，投資のチャンスに迅速な対応ができなくなる。投資機会がめぐってくるたびに金融機関を説得したり，株式を発行したりしていたのでは，機動的な資金調達ができないためである。この点からも，キャッシュをある程度確保しておき，長期的な視点から今後の成長機会や不測の事態に備えるという同社の戦略は極めて理にかなっているものである。

8 おわりに

　信越化学工業の競争優位の源泉をまとめると，第一に同社がシリコン・ウェハーや塩化ビニル樹脂といった，安定的な需要をもたらし代替する製品がないという競争力がある製品を供給している点である。第二に，ただ競争力ある製品を作っているというだけではなく，需給に業績が左右されないように，補完関係がある製品ラインナップを有している点である。第三に，金川社長のリーダーシップと，それによる「集中と選択」，「巧みな決断」である。
　しばしば，日本の化学メーカーの欠点として欧米に比べて規模が小さいといった指摘がなされる。しかしながら，信越化学工業を見る限りでは，規模の小ささを超越する競争力を有しているといえよう。

【参考文献】

Barney, J. B., (2002), *Gaining and Sustaining Competitive Advantage,* Prentice Hall（岡田正大訳『企業戦略論－競争優位の構築と持続＜上・中・下＞』ダイヤモンド社，2003年）.

金川千尋（2002）『社長が戦わなければ会社は変わらない』東洋経済新報社。

Porter, M. E., (1980), *Competitive Strategy,* The Free Press（土岐　坤・中辻萬治・服部照夫訳『競争の戦略』ダイヤモンド社，1982年）.

信越化学工業（1992）『信越化学工業社史』。

第6章
セイコーインスツル株式会社

　　　　競争環境がダイナミックに変動する時代においてはコア・コンピタンスの中軸をなすコア・テクノロジーもあっという間に陳腐化する危険性を有している。こうした中で，SIIは，開発リスクの高い研究開発の上流工程において，同社独自の「新世代研究所」を活用した産官学のアライアンスによる新技術創造を可能にしている。そのことが，同社のいわゆるダイナミック・ケイパビリティに独自性を与えている。

1　はじめに

　複雑で物が溢れている現代社会において，戦略論もスタティック（静態的）からダイナミック（動態的）への移行が求められている。特に技術開発領域においては顕著に見られる。それは見えない現代社会のさらに不確実な未来に対する投資であるため，世界がどこに向かっているのか，自社は何ができるのか，を予測し準備しなければならず，ここから，ダイナミックな戦略が必要といえるのである。

　セイコーインスツル株式会社（以下，SII）は，60年以上にわたる時計製造を通じて培われたマイクロメカトロニクス技術やナノ技術，さらに低消費電力を実現可能とするエネルギー・マネージメント技術といった技術力をベースとしながら事業を展開している。ここではSIIのケースとして，特に同社の技術開

発に着目し，それをダイナミック・ケイパビリティの視点から分析する。

2 コア・コンピタンス経営

　SIIの競争優位の源泉の1つとして，コア・コンピタンス経営があげられる。コア・コンピタンスとは，顧客に対して価値提供する企業内部の一連のスキルや技術の中で，他社が真似できないその企業ならではの力であり，競合他社に対しては経営戦略上の根源的競争力につながるものである。ハメルとプラハラードは，コア・コンピタンスの参考例として，フェデラル・エクスプレスのパッケージの所在追跡技術，ホンダのエンジン技術，ソニーの小型化技術，シャープの薄型ディスプレイ技術などをあげている（Hamel and Prahalad, 1994）。SIIにとってのコア・コンピタンスとは，時計技術で培った小型化・省電力化技術に他ならない。

(1) 技術のセイコー：世界への挑戦

　セイコー・グループの大きな転機は1959年，アジア最初のオリンピックが東京で開かれることが決まった時である。当時服部時計店社長であった服部正次は，東京オリンピックの公式時計として選定されることを目指して，第二精工舎（現在のSII）に対し競技用ストップウオッチの開発を依頼した。これは当時，国内では認められても，海外ではスイス製のコピーを作るメーカーとしか見られていなかったセイコー・ブランドの技術力を世界に示すことで，このイメージを打ち破るための挑戦であった。戦後設立された諏訪精工舎（現在のセイコーエプソン㈱）も含めたグループ全体から精鋭を集め，企業の枠を超えた開発プロジェクトチームを発足させ，東京オリンピックで使用するすべての計時機器の開発に投入させた。期限は4年間であり，チームの活動は最優先で扱われ，採算も度外視した開発であった。

　当時のストップウオッチによる計測は，ある程度の誤差がつきもので，これ

第6章 セイコーインスツル株式会社

は測定員の技術の優劣によるものと考えられていたが、セイコー・グループは研究の結果それが時計の機構上の問題であることを解明し、新しい構造でこの課題を解決させた。その甲斐あって1964年までスイスのメーカーが独占していた公式時計の座を、東京五輪において世界的には無名に等しいセイコー・グループが射止めるに至った。ストップウオッチをはじめ、審判用計時機材、観客向けタイム表示装置、スタジアムの大型時計まで36種類計1,278個に「SEIKO」の文字が記された。テレビ画面を通して世界中にその技術力と品質の高さをアピールすることで、一躍「SEIKO」は世界的なブランドとなったのである。販売数量で見ると、1963年の腕時計輸出60万個に対して、1966年には340万個にまで膨れ上がり、その宣伝効果は計りしれないものとなった。

さらに世界的に注目を集めたイベントとしては、時計の精度を競うスイスのニューシャテル天文台時計コンクールがあげられる。1964年から参加を始めた第二精工舎の時計は年々急速に順位を上げていき、3年後には2位に入賞した。セイコー・ブランドの台頭はスイスのメーカーにとって脅威以外の何ものではなく、翌年から突然このコンクールは中止となった。

こうした高いブランド力を勝ち得た背景には、技術開発力の強化があったと考えられる。時計を作るために開発した高精度の工作機器は、他に類を見ない水準のものであり、やがて時計以外の分野からも需要が広まっていくものである。1965年、0.2ミクロンの精度で真円を削りだせる汎用円筒研削盤を発売し、様々な分野から注目を集めた。さらに1969年には、諏訪精工舎が開発成果の1つである小型水晶時計を発展させたアナログクォーツ腕時計「アストロン」を世界ではじめて売り出した。当時の機械式腕時計の精度は日差15〜20秒で、持続時間は30〜40時間であったが、クォーツ時計は、日差0.2秒という機械式の100倍以上の超高精度と、電池駆動による持続時間1年を同時に達成した。翌年1970年には、第二精工舎から後に電子機器のコア・テクノロジーとして発展する集積回路C−MOS ICを世界ではじめて積んだ「36SQC」が発売される。低電圧・低消費電力・超小型という面で、従来型を大きく凌ぐ製品により、セイコー・グループは日本の時計生産をリードしていくことになる。

第Ⅱ部 ケース・スタディ

　このような技術は世界中での爆発的なヒットにつながり，セイコー・グループはスイスの時計産業を凌駕する地位にまで一気に押し上がった。これをあらわすように，1979年には日本のウオッチ生産数が世界第1位となった。

(2) コア・コンピタンス経営：時計技術を使え

　クォーツ化によって精度を高めた時計は，正確に時を刻むという使命をほぼ果たしたことになり，その競争の焦点は，精度を競うものから，長寿命化，多機能化，薄型化に移った。これらの変化にともない，SIIも新しい部品や製造設備を次々に開発していった。特に，腕時計の開発がSIIの事業多角化に大きな弾みをつけることになった。

　クォーツ時計は，機械と電気回路を融合した技術で構成されるが，一般的に販売されている部品ではサイズが大きく，腕時計サイズに収まらないものであった。したがって，SIIは構成部品である半導体・電池・発信駆動回路・外装・液晶などから，大量生産が可能な製造設備に至るまで，何から何まで自社で開発する必要に迫られた。SIIはこの経験をもとに，1970年から急激な多角化路線に舵を切ることになる。この時の多角化経営戦略が，現在のSIIの事業の基礎を構成している。

　多角化した事業を領域ごとに分けて見ると，図表6－1に示されているように，以下の領域から構成されている。

　まず第1に，小型化・省電力化の技術で独自性を出しているエレクトロニック・コンポーネント，第2に時計の内部を構成するメカニカルな駆動部分の高精度加工技術を用いたメカニカル・コンポーネント，第3に水晶振動子の技術を用いたクォーツ・メトロノームなどの音響機器と電子辞書，第4にデジタル・クォーツ時計から発展したウェアラブル機器，第5に通信技術を応用したネットワーク機器情報サービス，第6に日本初の自動製図器からスタートしたコンピュータ周辺機器，第7に走査型プローブ電子顕微鏡（ＳＰＭ）に代表される分析・計測機器，第8に腕時計の組立てをほぼ100％機械で行う自動組立ラインをもとにした精密組立てロボットや工作機械事業，の8つであった。以

第6章　セイコーインスツル株式会社

図表6－1　SIIの沿革

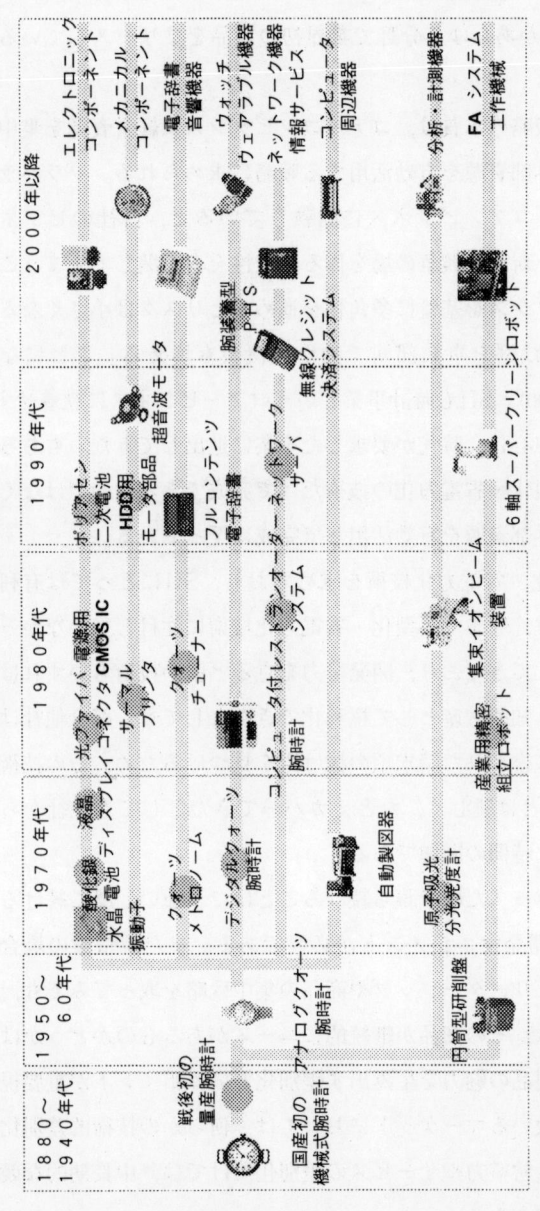

1880～1940年代	1950～60年代	1970年代	1980年代	1990年代	2000年以降
戦後初の量産腕時計／国産初の機械式腕時計	国産初のアナログクォーツ腕時計／円筒型研削盤	酸化銀電池／水晶振動子／液晶ディスプレイ／光ファイバコネクタ／ウォーツメトロノーム／デジタルクォーツ腕時計／自動製図器／原子吸光分光光度計	CMOS IC電源用／サーマルプリンタ／ウォーツチューナー／コンピュータ付レスドランオートシステム／腕時計／産業用精密集束イオンビーム組立ロボット装置	ポリマーセン二次電池／HDD用モータ部品／超音波モータ／フルコンテンツ電子辞書／サーバ／ネットワーク／腕装兼型PHS／無線クレジット決済システム／6軸スーパークリーンロボット	エレクトロニックコンポーネント／メカニカルコンポーネント／電子辞書／音響機器／ウォッチ／ウェアラブル機器／ネットワークサービス／情報サービス／コンピュータ／周辺機器／分析・計測機器／FAシステム／工作機械

（出所）SII会社案内より。

第Ⅱ部　ケース・スタディ

上を見てみると，すべてを記載したわけではないにもかかわらず，コア・コンピタンスを武器に，SIIがあらゆる分野で業界初の製品をリリースしていることが伺えよう。

　コア・コンピタンス戦略の本質は，コア・コンピタンスに経営資源を集中し，不得意分野については外部資源を有効活用する戦略に求められる。プラハラードとハメルによれば，「コア・ビジネスに固執していると，自社のビジネスチャンスの範囲を狭め，新しい競争の場を作る可能性を自ら閉じてしまうことになり，コア・コンピタンスを基盤に多角化を進めるとリスクは小さくなるし，投資も減り，優れた実践例を事業部間で動かす機会も増える」ことになる (Prahalad and Hamel, 1990)。SIIも時計事業というコア・ビジネスに執着せず，コア・コンピタンスを中心に，時代が要求した事業に進出してきた。もちろん，ここにあげた製品は小型化・省電力化の技術だけで完成できるものではなく，不得意分野については外部資源を有効活用して完成に至っている。

　時代はさらなる小型化・省電力化技術を求めており，SIIにとっては有利な方向へ進んでいる。一方，今まで小型化・省電力化技術に注目していなかった企業も技術開発力を蓄えてきており，開発努力を怠ると強い技術もいずれは陳腐化してしまう。また，知的財産として権利化できたとしても，競合他社は必死になって特許明細書に書かれた請求項の抜け道を見つけるため，その技術範囲を100％カバーすることは難しく，たとえカバーできたとしても他社から代替技術が開発されるのは時間の問題である。

　つまり，既存の資源ベースだけで勝ち続けることはできない。勝ち続けるためには，戦略的な技術開発マネジメントが必要である。また製造業の場合，ポーターのいうコスト・リーダーシップや商品の集中戦略を取ってみても，不確実性の時代においては，その商品が継続的にニーズがあるものかどうかはわからない。その場合，製品の魅力を生み出す差別化というポイントが重要視されるが，競合企業が多数いるマーケットにおいては，何らかの技術的差別化要因が必要になってくる。営業力やサービスの差別化だけでは，中長期的な競争優位性という面で限界があるといえよう。

3 技術開発におけるダイナミック・ケイパビリティ

　複雑な消費者ニーズや規制緩和，不確実な将来マーケットや競合企業のグローバル化などにより，環境がダイナミックに，あるいはよりターピュラント (turbulent) に変化しており，それへの対処が求められている。SIIもコア・コンピタンス戦略を中心に競争力の高度化を図ってきたが，さらなる環境の変化に対応するためには，それだけでは限界がある。これからは，複雑系社会に対応すべく，技術の半歩先，競合の半歩先，顧客の半歩先を進む必要がある。そこで，SIIにおける技術開発に関する特徴的なケイパビリティに関して取り上げる。

(1) 技術開発マーケティング：セカンド・オピニオン

　物を作れば売れる時代から，物が余り，消費者ニーズが複雑化した時代の中で，ヒット商品を狙ってマーケティングを行い，成功を収めることは難しい。ましてや，技術開発の開発テーマは通常3～5年先のヒット商品をイメージするために，既存顧客のニーズを聞くだけでは限界がある。さらには，来るべき社会の状況や規制緩和などの政府施策や新しい技術革新を予測し，それらの膨大な情報量の中から潜在的なニーズをイメージし，事業シナリオ案を構築して，そこに必要な技術資源を投入する必要がある。それらの要因を踏まえたものが技術開発マーケティングである。

　想定が外れる，あるいは開発による成果物が得られなければ投資は無駄となり，競合企業より開発が遅れれば市場に投入する機会がなくなる可能性もある。さらに，投資が膨大になれば経営に悪影響を与えるため，いわば会社の舵取りの一部であるといっても過言ではない。技術開発マーケティングの基本は，競合企業が持ち得ない，最新で，かつ深い技術情報量であろう。また，その膨大な情報から，素材のよい次世代テクノロジーを評価できる能力が必要である。

第Ⅱ部　ケース・スタディ

技術評価は大変難しく，特に専門性が高い分野は自社だけで判断しにくく，大学や研究機関等の第三者の客観的な意見（セカンド・オピニオン）を，いかに自社の立場で述べてもらうことができるかが非常に重要である。

　SIIのユニークな点として，新世代研究所（以下，ATI）という財団法人を次世代の技術開発マーケティングの手段として有効活用している点があげられる。今から20数年前，東京大学・和田名誉教授が当時のSII服部一郎社長に，これからの先端科学は大学・研究所・民間企業といったその所属を問わず，異なった専門分野をカバーする第一線の研究者が集まって討論することの必要性を指摘し，それに賛同したメンバーが任意グループとして発足したものが，後のATIへとつながっていった。メンバーによる討論が重ねられ，対象分野を超微細領域に絞ることになったが，当時はまだナノテクノロジーという言葉もなかったことから，これは先見性のある判断であったと考えられる。しかし，この判断も身近に時計技術をベースにしたマイクロ・マシン・テクノロジーがあったことを考えれば，不思議ではないであろう。

　その後，産学協同研究の成果として，仏Ｓ２Ｍ社の磁気ベアリング技術を応用したターボ分子真空ポンプ，ノーベル賞受賞者・ローラー博士（Heinrich Rohrer）の指導による新しいナノレベルの分析・観察装置（ＳＰＭ），政府プロジェクトによる走査型超電導量子干渉素子（SQUID）顕微鏡システムなどを開発し，SIIで製品化を実現している。ATIという組織を用いて，産学の知恵を共有した技術開発マーケティングが可能になったわけである。ATIは，現在も最先端で著名な研究者が集まる場として機能しており，その範囲をバイオ・テクノロジー領域まで拡大しつつある。

(2)　技術開発のスピード：他社よりも早く

　競争がグローバル化するにつれて，想定した事業のコアとなる技術開発のテーマが決まった場合，それを競合企業に先駆けて完成させるための技術開発のスピードがいっそう要求されてきている。バーニーは，新たに興りつつある業界を Emerging Industries と呼び，競争ルールの大部分や，標準的なビジネ

スの運営方法が確立していない状況では，企業が活用できる様々な機会は，一般的に先行者優位（First-mover advantage）に分類され，業界が発展していく初期に重要な戦略的・技術的意思決定を下した企業が享受できるものであるとしている（Barney, 2002）。梅澤も，「日本市場の分析となるが，市場創造型商品（先発商品）と後発商品を比較したところ，市場創造型商品が10年以上市場シェアNo.1を保つ確率は53％となっており，それに対して後発参入商品の確率は0.5％となっている」と分析した（梅澤, 2001）。

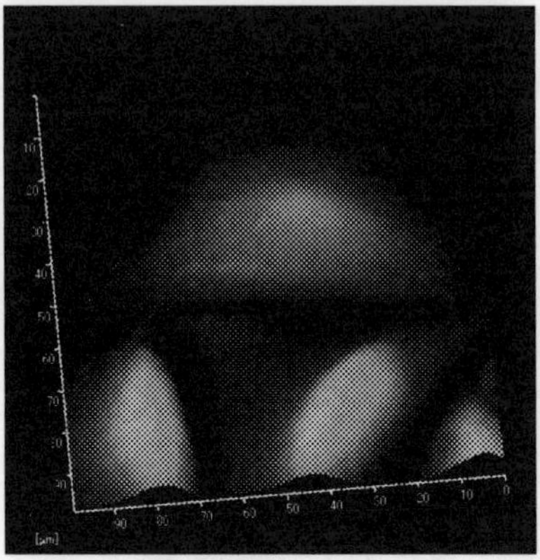

ダイナミックな時代に開発スピードを向上させるためには，開発組織のスリム化（持たざる経営），外部資源の有効活用（技術アライアンス）がポイントとなると考える。SIIはいち早く，本社直轄の研究開発センターで創出された技術テーマを各事業部に人と一緒に移管させることによって，研究開発組織のスリム化と新製品開発時間の短縮化を図ってきた。

図表6－2　細胞の液中観察画像

それと同時に，外部研究機関や企業との技術アライアンスを加速させている。特に企業として新事業領域に挑む場合は，アライアンスは必要不可欠となり，ナノレベルの計測技術を用いて，工業分野からバイオ研究分野への事業拡大を目論み，国家プロジェクトとして現在研究を続けているテーマもある。アライアンス・パートナーは，東京工科大学，食品総合研究所，県立広島大学，東京工業大学など複数にわたり，他にもATIを介して，複数の著名な研究者にアドバイスを受けている。それらの成果により，2004年世界ではじめてナノレベルの液中細胞（生きたままの細胞）観察に成功し（図表6－2参照），2008年の製品化に向けて開発を加速している。

これは，SII単独では実現できなかったことであり成功例の1つであるが，

第Ⅱ部 ケース・スタディ

バーニーの「アライアンス戦略は，業界もしくは業界内のセグメントから低コストで撤退するためにも有効である」(Barney, 2002) という指摘にも見られるように，新領域のビジネスは成功確率が低くなるため，ダイナミックな時代に合った戦略になりうるという意味で，この考え方は非常に重要である。ただし，協調的な姿勢を保ちながら互いが異なった成果を求めるアライアンスは，バランスを保つのが非常に難しく強力なリーダーシップが必要となる。したがって，国家プロジェクトを用いて，複数のアライアンス・パートナーと共同開発を行っている企業は少なくはない。こうした状況において，それらを事業として成功させる確率の高い点が，SIIの特徴であるといえる。それは，事業化を意識した開発企画によるところが大きい。

(3) 市場創発：腕は譲れない

企業は，市場の潜在性，顧客の要求変化，競争能力，規制緩和，競合企業への対処等を加味して，次世代テクノロジーを利用できる新市場をどう開拓していくかということを非常に重要視している。

図表6-3　UC-2000腕コン

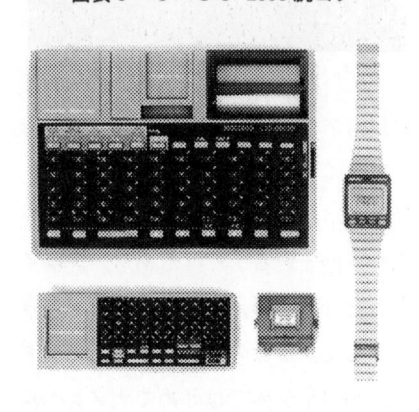

SIIは腕時計メーカーの先駆者として，「腕」に固執して市場創発を行ってきた。まずは1984年，世界初のコンピュータ付き腕時計「UC-2000腕コン」の開発に成功している（図表6-3参照）。この装置は，コンピュータ本体と時計のデータ交換が非接触で行えるモデルで，電磁誘導の技術開発により完成した商品である。時計に時間以外の情報を持たせたいというコンセプトが，市場のニーズを満たした。

1995年には，スポーツのセイコーを象徴付ける脈拍トレーニング用リストコンピュータ「セイコーパルスグラフ」を発表した。パルスグラフについている

第6章　セイコーインスツル株式会社

センサーから照射される青色光が，毛細血管中のヘモグロビンの変化量をキャッチして脈拍データを解析し，ランニング中のリアルタイムの脈拍データを本体に送る。指センサータイプなので従来の製品形態で用いられていた別体の胸部電極をつける必要がなく，快適で安全な運動が可能となった。

セイコーは腕にこだわり，世界ではじめて「腕振り」状態での正確な脈拍数計測にも成功した。1998年にはPCリンク可能なリスト型携帯情報端末「ラピュータ」，同年には，世界最小の超音波モータを搭載した「パーペチュアルカレンダー」を発売した。パーペチュアルカレンダーは，時刻修正，電池交換，日付修正を長期間解消する商品である。同年，超小型熱電変換素子の開発に成功し，腕からの熱（体温）を利用した発電で腕時計を駆動する熱発電時計「サーミック」を発売した。

2003年には腕型携帯情報端末に公衆通信機能を初めて搭載した，腕時計型ウェアラブルPHS電話機「WRISTOMO（リストモ）」をNTTドコモブランドで発売した（図表6－4参照）。WRISTOMOは64Kbpsのデータ通信に対応したPHS電話機を内蔵し，パルディオEメールやiモード対応ホームページ，ブラウザホンコンテンツ（mopera経由），位置情報コンテンツの利用を可能とした。さらに，PCとPHSデータ通信または専用ケーブルで接続し，Microsoft Outlook上の連絡先や予定表と情報を同期させる「シンクロ機能」を搭載している。

図表6－4　WRISTOMO

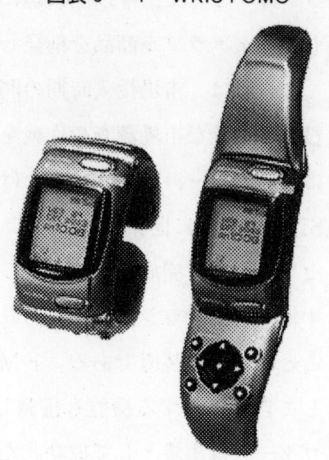

スタイルは，通話の機密性を確保するため，腕時計状態からディスプレイ上下にあるリストバンド開閉ボタンを押すことで，リストバンドが開いてハンドセット態に変わる機構を採用した。

以上のように，新しい技術開発を基盤として市場創発に挑戦してきたわけであるが，すべてがヒット商品になったわけではない。その原因は主に以下の3

点に分類されよう。

　まず1点目は，キラー・コンテンツを意識した商品開発であるかどうかの問題である。ちょうど「ラピュータ」が発売されたころは，e－メールが急速に普及した時期であり，携帯電話に有線接続してメールを打ち込むメール端末がヒットした。また，PCとリンクしてスケジュール管理をするPDA機器もヒットした。SIIも「ラピュータ」以外のメール端末やPDAも事業化していたが，iモードの普及によりあっという間に既存製品が陳腐化してしまったのである。この手のウェアラブル機器のキラー・コンテンツは公衆電話機能であり，あくまでメール機能やスケジュール機能は付加的コンテンツなのである。つまり，携帯電話にPCにリンクしたメール機能やスケジュール機能が搭載されれば，顧客はそれだけを買えばいいということになってしまう。今後は時計メーカーとして，今以上に腕にある必然性，携帯電話ではできない機能を搭載したウェアラブル商品を創発していかなければならない。

　2点目は，市場投入時期の問題である。これは大変難しいものである。市場投入に十分な市場調査や作戦を踏まえて行われるが，結果として，ヒットすればタイムリー，うまくいかなければ早すぎると評価されてしまうものである。SIIは1990年に世界ではじめてページング（移動体通信呼び出し）機能付時計「レセプター」を完成させ，アメリカで事業化を行った。これは一般電話によって中継局経由でラジオ局に送られたメッセージ信号を，FM波に乗せて受信することができる装置である。FM波を利用することから，正しい時間信号を受信して自動修正する機能も搭載した。今でいうところの電波時計である。「レセプター」は事業として成功したとはいえず，早すぎるとの評価を下された。

　3点目は，システム化とそれにともなう開発資金やシリーズ製品の継続的投入の問題である。ユーザーはハードウェアというよりも，それを用いたサービスを買うわけであるが，ハードウェアの開発だけでなくそれを用いるシステム化の開発まで含めると莫大な資金と開発時間を要するため，1社で対応するのは不可能な時代になってきている。こうした競争環境下においては，コンセプトを共有できるアライアンス・パートナーを見つけて事業の共同化を推進する

第6章 セイコーインスツル株式会社

ことと，そしてあきらめない姿勢が必要となるであろう。

(4) 利益をもたらす技術開発

技術開発の目的は，企業の中長期的利益を還元することである。アウトプットが利益やキャッシュフローに結び付かないと意味がない。開発テーマを進める上で，開発テーマを現在価値に算出して，開発の開始や継続の可否を判断する手法も研究されているが，技術開発は不確実な要素が多く，ほとんどやらないほうがいいという結論になってしまう。技術開発の是非を，事業と同じロジックで決めると，技術崩壊につながる可能性がある。一方，キャッシュフローで考えると，売上につながる製品の技術開発を低コストで実現させることも重要であるが，製造コストや在庫低減に寄与する技術開発も必要であると考える。

図表6－5は，SIIのコア・テクノロジーを示した図である。3つの技術を中心に，ネットワーキング技術，イメージング技術が脇を固め，事業の拡大を

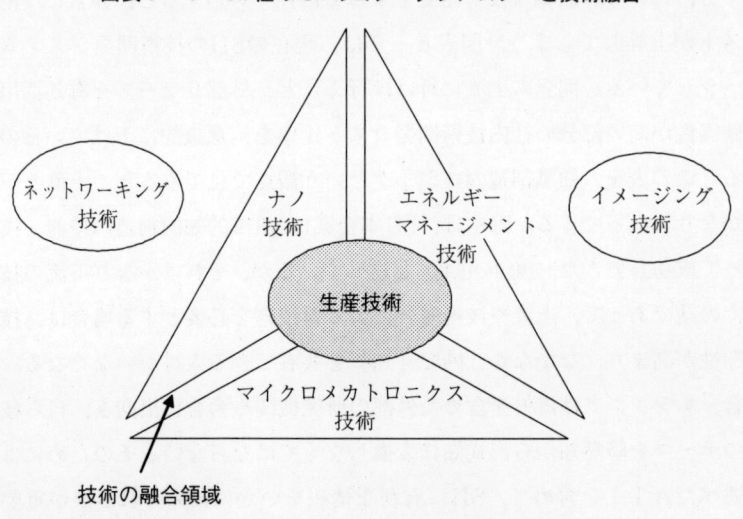

図表6－5　SII社のSIIのコア・テクノロジーと技術融合

（出所）　筆者作成。

第Ⅱ部　ケース・スタディ

図表6－6　技術融合領域から生まれた部品や製品

マイクロメカトロニクス技術	ナノ技術		エネルギーマネージメント技術	ナノ技術
カーボンナノファイバー入り高強度ナノ歯車	ナノ加工装置で加工されたナノサイズのワイングラス		体温と外気温の温度差で発電する腕時計	エネルギー密度と変換効率が高い小型燃料電池

（出所）　筆者作成。

支えている。それらの技術が融合すると，新しい破壊的技術（ディスラクティブ・テクノロジー）をもたらし，売上拡大に貢献する可能性が高い。異なる技術融合から生まれた部品や製品の具体例を図表6－6に示したが，SIIのコアテクノジーをすべて保有する企業は世界的にも稀であり，これらの技術の融合がSIIの将来の競争優位の源泉を構成していくと思われる。

　一方，これらの広域な技術開発をすべて自社で対処すると，非常に技術開発コストが上昇してしまう。図表6－7は，現在のSIIの技術開発システムをイメージしている。開発の上流に行けば行くほど，外部リソースを有効活用して，不確実性が高い部分の社内技術開発コスト比率を，意識的に下げているのがわかる。この表を，知識創造のロジックという観点で見てみると，上流と下流ではかなり異なってくる。野中は，「日本企業は，組織的知的創造の技能・技術によって成功してきた」（野中,1996）と述べているが，それはかなり下流の技術開発での話であって，上流や技術融合による新技術を必要とする場合は，技術の専門性が高まり，なかなか社内で「知」を共有できる人材がいなくなる。その場合，エンジニアは海外を含めた外部の研究機関や会合に出向き，自ら技術開発のテーマを暗黙知から形式知に変換しなくてはならない。そのためには，先に述べたATIを含めて，SIIに有利な情報をいかに集められるかが重要であり，そのための「個」の能力も必要となる。

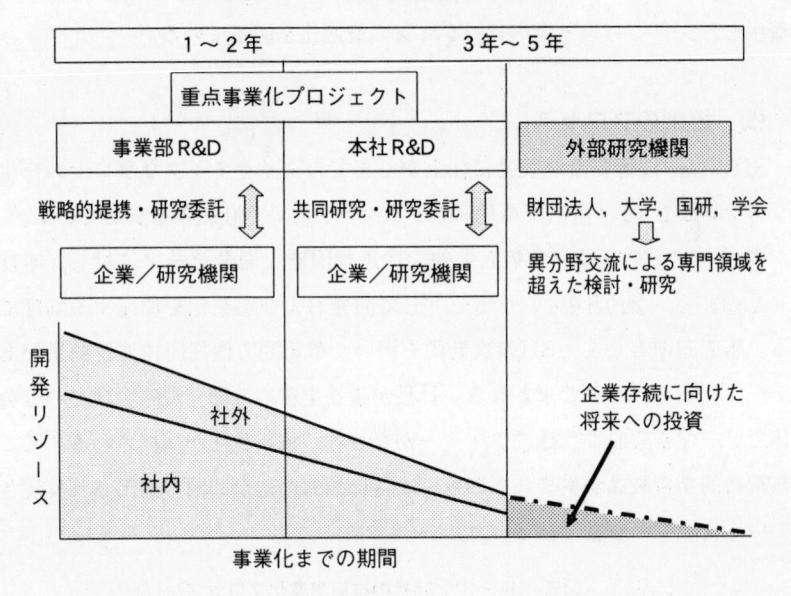

図表6-7　SIIの技術開発システム

```
            1～2年              3年～5年
       ┌──────────────────────────┐
       │     重点事業化プロジェクト     │
       ├───────────┬──────────────┤  ┌──────────┐
       │ 事業部R&D  │   本社R&D     │  │ 外部研究機関 │
       └───────────┴──────────────┘  └──────────┘
       戦略的提携・研究委託 ⇅ 共同研究・研究委託  財団法人，大学，国研，学会
                                                    ⇅
       ┌───────────┐┌──────────────┐   異分野交流による専門領域を
       │ 企業／研究機関 ││ 企業／研究機関  │   超えた検討・研究
       └───────────┘└──────────────┘
```

開発リソース（社外／社内）／事業化までの期間

企業存続に向けた将来への投資

（出所）筆者作成。

　次に，製造技術の視点から見た場合，SIIは以前から物を安定して大量に作る技術，いわゆる生産技術力が非常に高く，新しい設備開発に継続的に開発投資をしているのも特徴である。1985年には世界最高水準の多品種少量生産ウオッチ外装部品自動組立システムを完成し，1988年には世界初の多品種少量生産ウオッチムーブメント自動組立システムを完成させている。コア・テクノロジーが差別化の源泉なら，生産技術力は利益の源泉といえるであろう。

　また，SIIは生産技術開発の成果を最大化すべく，非常に早い時期から安い労働力を求めて製造現場の拡大戦略をとっている。すでに，1968年には香港にSeiko Instruments (H.K.) Ltd. を設立，その後中国の広州，大連，深圳に工場を拡大した。また，1973年にはシンガポールにSeiko Instruments Singapore Pte. Ltd. を設立し，その後マレーシア，タイにも拡大している。バブル経済が崩壊し，海外への生産シフトが注目されたのが1990年代後半であるのを考えると，いかに早い時期に決断したかがよくわかる。現在は，中国に集中した生産

拠点のカントリーリスク対応として，海外工場のさらなる分散化に急ピッチで着手し，グローバル・オペレーションの最適化を図っている。

(5) 協創のプロセス

SIIには，技術要素が製品に仕上がるまでのダイナミックなプロセスを生むシステムとして，「重点事業化プロジェクト」という仕組みを有している。

本プロジェクトは，事業部単独では遂行困難な開発テーマに対し，本社が（人・物・金・知的財産を）サポートして開発および事業化を加速する制度である。審査基準として，SIIの次世代を担い，革新的で他部門に波及効果があるテーマであることが要求される。社長が議長を務める開発戦略会議という会議体でテーマ審議および継続フォローがなされ，毎年数件が採択される。ここから革新的な新製品が生まれており，まさに知的創造が共同で創出され具現されていく仕組みの一例である（図表6-8参照）。

図表 6-8 SII社の技術事業化プロセス

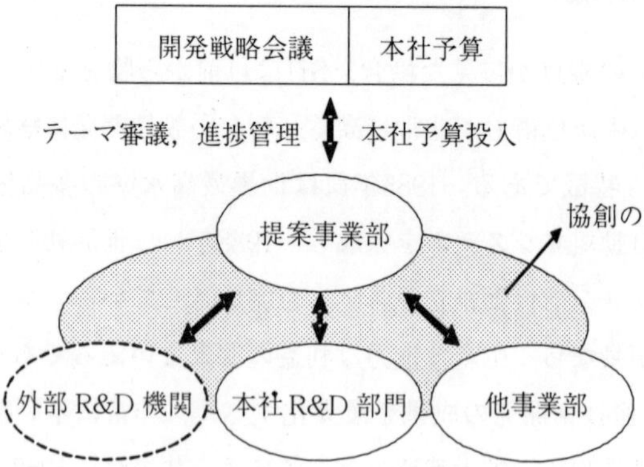

```
┌──────────┬──────────┐
│ 開発戦略会議 │ 本社予算  │
└──────────┴──────────┘
   テーマ審議，進捗管理 ↕ 本社予算投入

              ┌─提案事業部─┐      協創のプロセス
              │            │ →
   ┌外部R&D機関┐ ┌本社R&D部門┐ ┌他事業部┐
```

（出所）筆者作成。

4 さらなる技術開発のケイパビリティ獲得に向けて：SYO ism

　製造業の場合，グローバル・コンペティションの中で繁栄を続けていくためには，高付加価値の事業分野で技術革新を継続していくしかない。しかし，日本の電機業界に見られるように，利益が出る領域が見つかっても，参入企業が多く，フォロワーばかりとなり，儲からない構図を自ら作ってしまう場合がある。このような状況を考慮すると，持続的に優位性を構築するためには，競合企業が真似をできない，独自の事業領域を丹念に作り上げていく必要がある。そして世界的に見ると，日本企業は日本企業でしかできない技術融合型の製品で生きていくべきなのかもしれない。このような観点から，SIIがケイパビリティ獲得のために取り組んでいる「SYO ism（匠，小，省）」について見てみたい。

(1) SYO ism：匠
　一般に「匠」とは，卓越した技能を用いてものづくりをする仕事や人のことなどをいうが，ここでいう「匠」とは，匠の精神のことであり，誰もが真似のできない繊細な技や技術をもって，顧客に「ときめき」を与える新しい価値を創造することを意味する。これからはSIIだからこそできる技術を活かした，新しい付加価値の創造が求められている。そのためには，SII全勢力を集めた，事業部の枠を超えた技術の融合や市場創発が必要であり，そのためにはグローバルマーケット（ユーザーニーズと将来予測）と技術がわかる人材を育成し，開発企画力を強化する必要がある。また，技術開発の海外展開も睨み，クロス・カルチャーな技術開発マネジメントスキルの向上も必要であり，意識的な育成プログラムを構築する必要がある。

(2) SYO ism：小

SIIには，マイクロメートル単位で図面を普通に書く文化，ピンセットで組み立てる文化が根付いており，これはなかなか真似のできることではない。また，SIIは雫石高級時計工房という機械式腕時計の部品製造から組立まで，一貫生産できる日本では唯一の製造工場（マニファクチュール）を保有しており，国家技能認定者が多数在籍している。このリソースは，世界的に見ても貴重な財産であり，時代がさらなる小型化を要求してきた場合は，差別化を可能にする源泉となる。そのために，技術・技能の伝承システム構築を推進している。

(3) SYO ism：省

時計は究極の省エネ技術で出来ており，SIIは省エネ技術を追求してきた歴史がある。それは，徹底的にエネルギー・マネジメントを追及した製品以外にも，効率的に製品を生み出す生産技術革新にもつながっている。現在，生産工場の省エネライン開発に取り組んでいる。

以上のように，SIIのさらなるダイナミック・ケイパビリティ獲得には，「匠・小・省」という3つの「SYO」がキーワードとなっている。

5 おわりに

SIIのケースについて，技術開発におけるダイナミック・ケイパビリティの視点で取り上げてきた。まとめてみると，図表6－9で示すように，同社はコア・コンピタンス戦略を発展・拡大して，ダイナミックな時代に適合できるように変化させてきている。複雑性と不確実性が混ざり合った次世代でも勝ち続けるためには，戦略自体もダイナミックな変化が求められ，かつ継続的に変化させていかなければならないのである。

第6章　セイコーインスツル株式会社

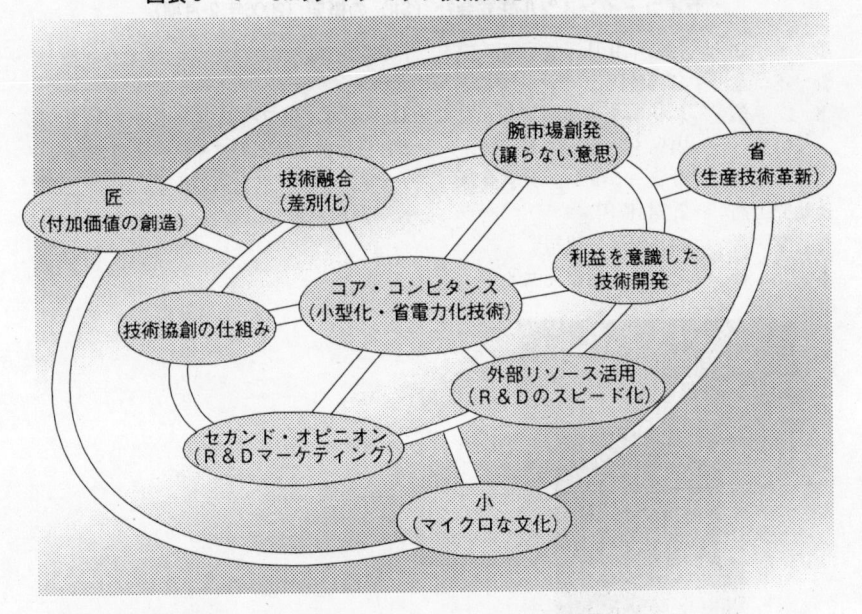

図表6-9　SIIのダイナミック技術開発ケイパビリティ関連

（概念図：以下の要素を含む）
- 匠（付加価値の創造）
- 技術融合（差別化）
- 腕市場創発（譲らない意思）
- 省（生産技術革新）
- 技術協創の仕組み
- コア・コンピタンス（小型化・省電力化技術）
- 利益を意識した技術開発
- 外部リソース活用（R&Dのスピード化）
- セカンド・オピニオン（R&Dマーケティング）
- 小（マイクロな文化）

（出所）筆者作成。

【参考文献】

Barney, J. B., (2002), *Gaining and Sustaining Competitive Advantage,* Prentice Hall（岡田正大訳『企業戦略論－競争優位の構築と持続＜上・中・下＞』ダイヤモンド社，2003年）．

Hamel, G., and Prahalad, C. K., (1994), *Competing for the future,* Harvard Business School（一條和生訳『コア・コンピタンス経営－未来への競争戦略』日本経済新聞社，1995年）．

野中郁次郎・竹内弘高（1996）『知識創造企業』東洋経済新報社．

Porter, M. E., (1980), *Competitive Strategy,* The Free Press（土岐坤・中辻萬治・服部照夫訳『競争の戦略』ダイヤモンド社，1982年）．

Prahalad, C. K., and G. Hamel, (1990), "The Core Competence of the Corporation", *Harvard Business Review,* May-June（坂本義実訳「コア競争力の発見と開発」『ダイヤモンド・ハーバード・ビジネス』1990年，8-9月号）．

梅澤伸嘉（2001）『長期ナンバーワン商品の法則』ダイヤモンド社．

第Ⅱ部　ケース・スタディ

セイコーインスツル株式会社（SII）の概要（2006年2月期）

設　　　立	1937年9月
資　本　金	47.5億円
事　　　業	約48％を半導体／表示体などによるネットワークコンポーネント，約21％をウオッチムーブメント／HDD部品などのマイクロメカ，他に，ソリューション，科学機器，プリンタ／プロッタ事業等
連結売上高	2,744億円
従　業　員	14,821名（連結）
本　　　社	千葉県千葉市美浜区

SII本社ビル
写真提供　SII

第7章

ソフトバンク

　　米国での先進的事例と情報をいち早く取り入れ，M＆Aや提携による外部資源の活用を通してＩＴとの連動性の高い事業に集中投資していくこの仕組みに，ソフトバンクの「競争優位の源泉」がある。そして同社の「競争優位」が持続されてきた最大のファクターは，こうした戦略の中身だけでなく，戦略展開上の時間的速さにも求められる。この時間的速さが，他社の「競争優位の源泉」を陳腐化させると同時に，同社のダイナミック・ケイパビリティの基軸を構成している。

1　はじめに

　ソフトバンクは，パーソナルコンピュータ向けソフトウェア，パソコン本体・周辺機器の流通を事業の柱として，1981年9月に設立された。当時の社名は日本ソフトバンク，代表取締役社長は孫正義。資本金は1,000万円で，孫と株式会社経営総合研究所がそれぞれ50％ずつ出資した。1990年7月，ソフトバンクに商号を変更する。

　ソフトバンクは，経営理念に「デジタル情報革命を通じて，人々が知恵と知識を共有することを推進し，人類と社会に貢献する」を掲げている。この理念に基づき情報革命の進行に合わせて事業を再編し拡大していった。現在はソフトバンクを純粋持株会社として，傘下に中間持株会社，その下に事業会社が連

なるという三層構造になっている。

ソフトバンクの事業分野は，多岐にわたっている。2005年9月末時点では，ブロードバンド・インフラ事業，固定通信事業，イーコマース事業，インターネット・カルチャー事業，放送メディア事業，テクノロジー・サービス事業，メディア・マーケティング事業，海外ファンド事業，その他の9つの事業セグメントを有し，連結会社数は153社，持分法適用非連結子会社・関連会社数は99社の大所帯である。

ソフトバンクは，1994年に株式を店頭公開し，1998年には東証1部に上場を果たしている。2005年12月時点で，ソフトバンクの時価総額は，3兆5,700億円。2005年11月に発表した2006年度3月期の中間決算では，売上高が5,227億円，営業利益は44億円であり，通期では売上高が1兆円を超えることが予想されている。設立わずか25年で，このように売上高1兆円を超えた企業は，かつて存在しない。なぜ，ソフトバンクは短期間でIT（情報通信）業界の巨人と呼ばれるまで成長できたのか。その競争優位の源泉を探っていく。

2 競争環境の変化

孫は，ソフトバンク設立当初から，「農業革命，工業革命に続く新たな第3の革命，すなわちデジタル情報通信革命が必ずやってくる」と断言していたという。そして，1990年代中頃，その言葉は現実のものとなった。

大前（2000, 2001）によると，この革命が起こる際，われわれの前には「見えない大陸」が広がっているのだという。この「見えない大陸」は，4つの経済空間が相互に作用しながら混在しているとされる。すなわち，従来通りの「実体経済」，ITが作り出す「サイバー経済」，各国の垣根が低くなりつつある「ボーダレス経済」。そして，3つの経済を組み合わせながら，乗数的に富を創出する「マルチプル（倍率）経済」である（図表7－1参照）。

第7章 ソフトバンク

図表7-1 4つの経済空間を操るソフトバンクの戦略

4つの経済空間を操るソフトバンクの戦略

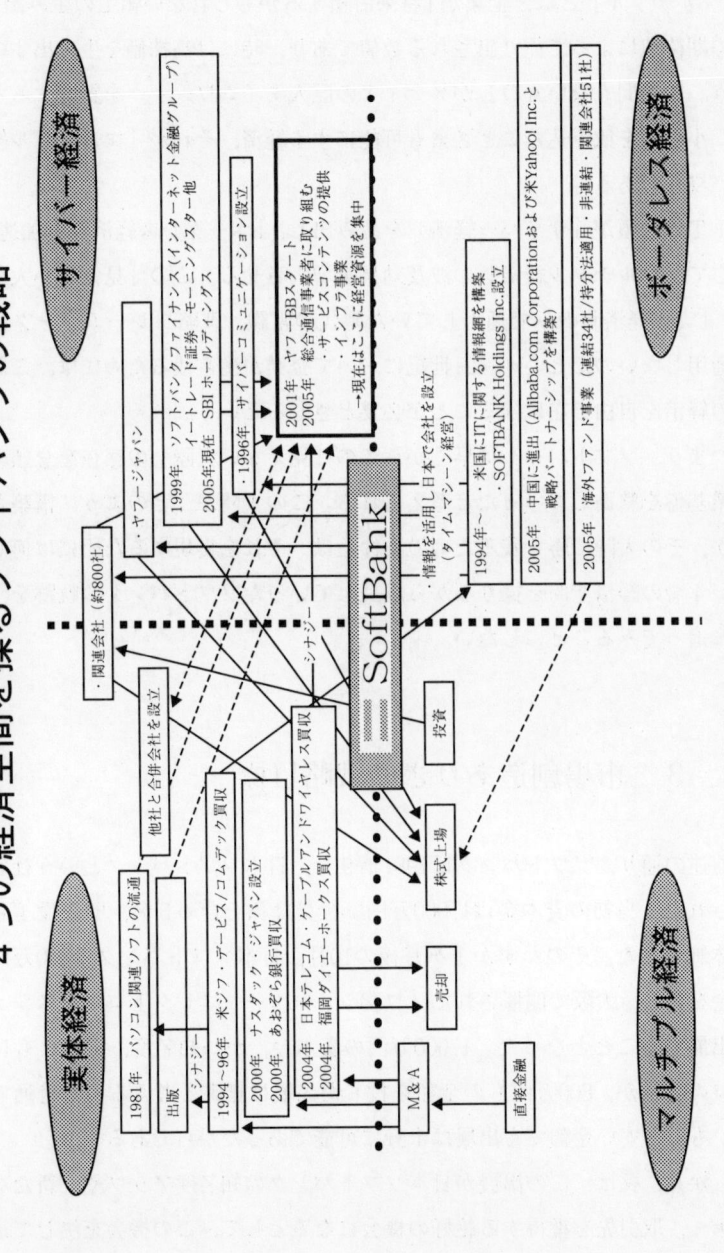

サイバー経済
- ヤフージャパン
  - ・関連会社（約800社）
  - ・他社と合併会社を設立
- 1999年 ソフトバンクファイナンス（インターネット金融グループ）イー・トレード証券　モーニングスター他
- 2005年現在 SBIホールディングス
- 1996年 サイバーコミュニケーション設立
- 2001年 ヤフーBBスタート
- 2005年 総合通信事業者に取り組む
  - ・サービスコンテンツの提供
  - ・インフラ事業
  - →現在はここに経営資源を集中

ボーダレス経済
- 情報を活用し日本で会社を設立（タイムマシーン経営）
- 1994年～ 米国にITに関する情報網を構築 SOFTBANK Holdings Inc.設立
- 2005年 中国に進出（Alibaba.com Corporationおよび米Yahoo! Inc.と戦略パートナーシップを構築）
- 2005年 海外ファンド事業（連結34社/持分法適用・非連結・関連会社51社）

SoftBank
- シナジー
- 投資
- 株式上場
- 売却

実体経済
- 1981年 パソコン関連ソフトの流通
- 出版
- シナジー
- 1994～96年 米ジフ・デービス/コムデックス買収
- 2000年 ナスダック・ジャパン設立
- 2000年 あおぞら銀行買収
- 2004年 日本テレコム、ケーブルアンドワイヤレス買収
- 2004年 福岡ダイエーホークス買収

マルチプル経済
- M&A
- 直接金融

(出所) ソフトバンク・ホームページ＜http://www.softbank.co.jp＞より筆者作成。

「マルチプル」とは、企業が「将来占領するかもしれない領土の生み出す富」への期待値によって作り出される数値であり、時には高株価を生み出すのだという。設立間もないAOLがメディアの巨人タイムワーナーを買収するといった、小が大を飲み込むことさえも可能にする経済、それが「マルチプル経済」のパワーである。

ITの台頭が「サイバー経済」を生み出し、「ボーダレス経済」を加速させ、そして「マルチプル経済」の波及効果を増大させる。この「見えない大陸」では、「実体経済」のみで通用していた時代の常識、戦略フレームワークはもはや通用しないのだという。21世紀において企業が生き残るためには、これら4つの経済を自由自在に操ることが必要とされるという。

つまり、ソフトバンクは早くからこの「見えない大陸」の存在を念頭に置き、事業基盤を整備していったと考えられる。この大陸が、どのように構築されるのか、その大陸で勝ち残るための条件とは、それを実現するためには何が必要か。4つの経済空間を操りながら成長していったソフトバンクの軌跡を、年代別に追ってみることにしたい。

3　市場創造ありきの戦略目標

前述の通り、ソフトバンクは1981年9月、日本ソフトバンクという社名で設立された。当初の資本金は1,000万円。社員は孫を含め3名、監査役1名という体制だった。そのわずか1ヶ月後の10月、日本ソフトバンクは800万円もの大金を投じ、大阪で開催された「コンシューマー・エレクトロニクスショー」に出展することとなった。1,000万円の資本金、かつ知名度、実績ともにほぼゼロの会社が、800万円もの金額を投じた出展は無謀と考えるのが普通であろう。もっと安い金額でも出展は十分に可能であったからである。

しかし、孫は、この出展が日本ソフトバンクの知名度アップや、新たなパートナー、取引先を獲得する絶好の機会になるとして、この機会を決して逃して

第7章 ソフトバンク

はならないとの強い思いをもって出展したのである。その結果，800万円を使ったブースは注目を集め，日本ソフトバンクの知名度は飛躍的に上昇することとなった。そして，後に，大阪の家電量販店「上新電機」との独占契約にもつながったのである。

しかし，なぜ独占契約を結ぶまでに至ることができたのであろうか。ここに孫の大きな強みがある。前出の大前（2000，2001）によれば，「見えない大陸」でもっとも成功を収める人とは，この新大陸を自分の言葉で定義し語ることのできる人であるという。

孫は，上新電機との取引交渉の席で，自分の言葉で情報通信革命がもたらす新大陸について語った。コンピュータが世の中に普及し，通信が加わることでどういった世界になるのか，今と何が変わるのかを熱く語ったのである。そして，交渉相手を巻き込んでいったのだ。

上新電機という強力な量販店の協力を取り付けた後，日本ソフトバンクは次々にソフトハウスと契約を結び，ソフトの流通分野では一時シェア80％を占めるなど，その圧倒的なパワーによって業界ナンバー1の地位を築くことに成功するのである。

4　米国の最新IT情報の囲い込み

1990年代に入ると，ソフトバンクは本格的なM＆A戦略を米国で展開していく。同社は，1994年12月にはジフ・デービスの展示会部門を218億円で，1995年4月にはコムデックス（展示会）を864億円で，そして1996年2月にはジフ・デービスの出版部門を2,268億円で，矢継ぎ早に買収していったのである。

これら被買収企業に共通していることは，キャッシュフローがしっかりしていること，そして何よりもITに関する最新情報がたくさん集まってくることである。

たとえば，コムデックスの主要業務は米国で開催されていたIT関連の展示

会事業であり，ビジネスコンシューマ向けのITに関する最先端の技術と情報が一度に集まる。一方，ジフ・デービスが行っていた展示会＝インターロップは，企業の情報システムに関する最新技術と情報が一度に集まる。これら展示会では，参加者は多くの企業の技術者やキーパーソンと直接話しをすることができ，新たな投資先を発掘することも可能となる。また，ジフ・デービスが発行していた雑誌『PC magazine』，タブロイド誌『PC WEEK』は，それぞれコンピュータ業界においてナンバー1の影響力を持っている。当然，ここにも最新の技術，情報が集まってくるわけである。

「デジタル情報革命のインフラを提供するナンバー1の会社になる」という目標があったソフトバンクにとって，当時，米国の最新技術・情報は絶対に必要であった。米国のコンピュータ産業は日本よりも数年進んでいるため，米国で流行したものは，いずれ日本にもその波がやってくる。競合者に先を越されないためにも，いち早く情報をつかみ，投資を行い囲い込む必要がある。つまり，ソフトバンクによるコムデックスやジフ・デービスの一連の買収は，米国ITの最新技術・情報を囲い込むことで，ソフトバンクが日本にIT市場そのものを創造するための，すべて布石であったというわけである。

こうして，いち早く情報を入手し，活用する機会を得たソフトバンクは，その後の展開もスピーディであった。典型的な成功例が，今や月間約310億PV（2005年10月時点の日本での実績）を誇る，ナンバー1検索サイトのヤフーである。

1995年11月のある日，孫はコムデックス社長ジェイソン・チャドノフスキー，ジフ・デービス社長エリック・ヒッポー，ソフトバンクの幹部とともにラスベガスのヒルトンホテルにいた。そこで，孫はジフ・デービス社長ヒッポーに尋ねた。「これから始まるインターネットの世界で，一番魅力的な会社はどこだ」。即座にヒッポーはヤフーの名を挙げた。そして，当時，創業して間もない社員数名のヤフーに対し，孫は100億円もの出資を決断したのである。その間，わずか数日だという。

翌年の1996年，孫は米国ヤフーと合弁でヤフーの日本法人を設立し，1997年には株式をマザーズに上場，現在は東証1部に上場しており，その時価総額は

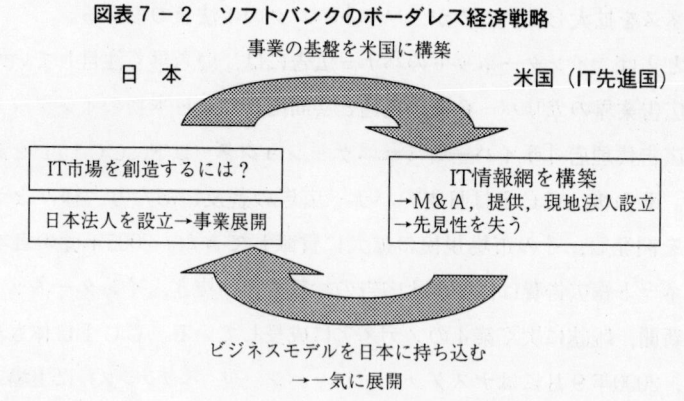

図表7－2　ソフトバンクのボーダレス経済戦略

```
                    事業の基盤を米国に構築
        日 本                          米国（IT先進国）
                         ⟶
   ┌──────────────────┐      ┌──────────────────────┐
   │ IT市場を創造するには？ │      │ IT情報網を構築           │
   ├──────────────────┤      │ →M＆A，提供，現地法人設立 │
   │ 日本法人を設立→事業展開│      │ →先見性を失う           │
   └──────────────────┘      └──────────────────────┘
                         ⟵
                  ビジネスモデルを日本に持ち込む
                      →一気に展開
```

（出所）　ソフトバンク・ホームページ（URL http://www.softbank.co.jp）より筆者作成。

4兆5,000億円と巨大企業へと成長している。そして，ヤフーは現在，様々な形でソフトバンクとのシナジー（相乗効果）を生み出すまでに至っている。たとえば，資金調達をする際の信用力，多額の株式含み益，商品・サービスのチャネル（流通経路）など，ヤフーとの連携からソフトバンクが手に入れたものは数多い。

以上の諸点を要約してチャート化したものが，図表7－2である。

5　ＩＴ情報を活かし，いち早く事業展開

1994年，ソフトバンクは，米国でSOFTBANK Holdings Inc.を立ち上げ，情報網強化に乗り出している。ＩＴの最新情報・技術，ＩＴビジネスの動向は，日本よりも米国の方が進んでいるため，米国の動向を注視し続ける必要があるとされる。

こうして，強固な情報網を築いたソフトバンクは，米国で成功しているビジネスモデルや様々な最新情報・技術を取り込み，他社に先駆けていち早く日本で事業展開を行っていったのである。そして，この先行者の優位性を活かして，

ビジネスを拡大していくのが、ソフトバンクの手法なのである。

　たとえば、インターネットのバナー広告には、いち早く注目していた。1996年、広告業界のガリバー企業・電通と共同出資で、日本初のインターネット専門の広告代理店「サイバーコミュニケーションズ（以下、ＣＣＩ）」を設立している。その後、ＣＣＩは日本のバナー広告の普及にあたり、様々なテクノロジーを開発し、その市場規模の拡大に貢献してきた。2005年度の日本のインターネット総広告費は、ラジオ広告の総額を追い抜き、インターネットはテレビ、新聞、雑誌に次ぐ第4のメディアに成長している。ＣＣＩ自体も着実に成長し、2000年9月にはナスダック・ジャパン（現、ヘラクレス）に上場、2006年3月現在、時価総額は2,300億円を超えている（現在、ＣＣＩは持分法適用会社）。

　さらに、ソフトバンクは、インターネットと金融との親和性の高さにも、いち早く着目し、インターネットを軸にした金融部門にも力を入れている。この部門は北尾吉孝氏をヘッドに、1999年にソフトバンクファイナンスとして設立されている。また、この他にも米国のイー・トレード証券やモーニングスターと組み、日本法人を設立するなど、ソフトバンクはインターネットと金融を融合する多くの企業を設立している。たとえば、イー・トレード証券は、「低価格」と「豊富な情報量」を武器に成長し続け、2006年2月時点で、オンライン証券で初めて総合取引口座数が100万口座を突破、信用取引口座でも9.9万口座を超えるなど、ともに業界トップの座を維持し続け、オンライン専業証券会社のリーディングカンパニーとして確固たる地位を築いている。また、同社は、2004年10月にJASDAQに上場を果たし、2006年3月現在の時価総額は8,500億円にものぼる。一方、投資教育やコンサルティング、個別株式のレポートなどを事業とするモーニングスターも、着実に成長している。2000年6月にヘラクレスに上場を果たし、同じく2006年3月現在の時価総額は約300億円である。

　現在、ソフトバンクの金融部門は、ＳＢＩホールディングス（2005年7月に商号変更）を純粋持株会社に、その下にイー・トレード証券やモーニングスター、ファイナンスオールなど多くの企業を傘下に治めている。そして、それらの企業は、ソフトバンクの連結子会社から持分法適用会社へと移行した。上場子会

第7章　ソフトバンク

社を含めた時価総額は、2005年12月の時点で1兆800億円である。

　最後に、ソフトバンクの先見性を最もよくあらわしている、検索サイトのケースを見てみることとしたい。ソフトバンクは、検索サイトが必ずインターネットに不可欠な機能となるとの認識の下、前述のとおり米ヤフーへの投資を行い、1996年に米ヤフーと合弁で、ヤフーの日本法人を設立している。1997年には、株式の店頭公開を果たす。一時期、日本初の1株1億円を超える株価を付けたことでも有名である。業績も急成長を続け、2005年度上半期連結ベースでは、売上高800億円（前年比57％増）、営業利益374億円（前年比33％増）、中間純利益214億円（前年比26.5％増）と驚異的な数字を残している。ヤフー株式会社の時価総額は、2006年3月の時点で4兆4,000億円と、上場企業の上から17番目に位置している。

　現在、ヤフーのトップページの右上にある広告スペース（ブランドパネル）は、フジテレビの月9（毎週月曜の午後9時から始まるフジテレビの看板ドラマ枠）と同じぐらいの広告価値があるともいわれている。

　ソフトバンクは、一時米国IT企業の資本の20％を占めるといわれたぐらい、多くのITベンチャー企業に投資を行っていた。ソフトバンクは、一方では日本のIT市場の成長を見ながら、他方では種を蒔いておいた米国IT企業のビジネスモデルや技術を日本に持ち込み、日本法人を設立し上場させてきた。また、日本のITベンチャー企業にも、ソフトバンクは1,000億円規模で投資を行ってきたという実績を持つ。たとえば、こうした企業を金融面で支えるために、1999年には株式公開支援やベンチャーキャピタルの運営を行うソフトバンク　インベストメントを設立（現在はソフトバンクの持分法適用会社）するなど、国内においても将来への布石を打っているのである。

6　証券市場に衝撃を放つ

　1999年、証券業界に衝撃が走った。その年の6月、ソフトバンクが米国店頭

株式市場・ナスダック（NASDAQ）を運営する全米証券業協会と共同で，ナスダック・ジャパンを創設することに合意したのである。

　この合意を受けてソフトバンクは，株式市場の運営経験があるキーパーソンを素早くスカウトすると，大阪証券取引所との提携によって翌年の2000年には，ナスダック・ジャパンをスタートさせている。

　ナスダック・ジャパン創設の目的は，既存の株式市場の活性化にあった。当時の株式市場は，米国に比べベンチャー企業が株式公開するまで非常に長い時間を要していた。そして，それが日本においてベンチャー企業やベンチャーキャピタルが育たない理由とも考えられていた。技術の進歩が目まぐるしく変わるIT業界において，当時の日本の株式市場は，そのスピードに対応していなかったのである。

　こういった構造の証券業界に，ナスダック・ジャパンは，「世界の投資家を相手に自社をアピールして投資を募れる」，「上場基準が他市場に比べ緩やかである」，そして「世界で通用するナスダックブランド」を武器に参入したのである。

　現在，ナスダック・ジャパンは，ヘラクレスに市場名を変えて大阪証券取引所が運営している。現在ではソフトバンクの資本は入っておらず，同社はナスダック・ジャパンの運営から完全に手を引いている。そもそもソフトバンクの目的は，ベンチャー企業が株式公開までのスピードを早めることにあった。ナスダック・ジャパン創設の発表後，競合する東京証券取引所が，マザーズという新興企業向けの市場を新たに創設している。これにより，結果的に上場基準が大幅に緩和され，赤字でも上場できる市場が誕生したのである。

　その意味では，ソフトバンクの当初の目的は十分に達成され，IT市場の創造とIT基盤の構築に大きく貢献したといえるであろう。

7　マルチプル経済を利用した資金調達

　自らの先見性を現実のものとし，さらにそうした事業をスピーディに実現するためには，当然，莫大な資金が必要になる。たとえば，折角良い投資案件を見つけても，資金がなければ他に流れてしまうであろう。ソフトバンクは，こうした問題に対して，迅速な資金調達を可能とする仕組みを独自に構築している。1981年の設立後，右肩上がりで着実に成長してきたとはいえ，数千億円規模のM＆A（合併買収）を開始したソフトバンクの1994年当時の経常利益は，わずか28億円であった。普通に考えれば，このレベルの経常利益の企業が，数千億円規模のM＆Aを行うことなど，決してあり得ない話である。

　しかし，前述の通り，ソフトバンクは，矢継ぎ早に企業買収や合弁企業の設立を繰り返してきたのである。この資金調達の陣頭指揮を取ったのが，財務担当の北尾吉孝氏であった。1995年，野村證券からソフトバンクに移った北尾は，資金調達手段を銀行からの融資という間接金融から，市場から資金を集める直接金融へとシフトさせていった。

　ソフトバンクは，1994年に株式を店頭公開している。その後，ソフトバンクは，時価発行増資や社債・転換社債の発行，公募増資などで資金を調達している。ジフ・デービス展示会部門の買収の際には，時価発行増資で200億円を調達している。コムデックスの場合は，日本興業銀行（現，みずほ銀行）を中心とした協調融資団からの合計530億円の融資と，公募増資で計800億円を調達し買収資金に充てている。しかし，この530億円の融資は，社債発行で得た資金を使い，すぐに返済している。さらに，ジフ・デービスの出版部門の場合は，時価発行増資で665億円，社債発行で700億円，転換社債の発行で700億円を僅か数ヶ月で集め，買収資金に充てることに成功している。

　今でこそ直接金融は一般的だが，当時はこうしたソフトバンクの動きに，銀行側からの様々な反発があったことは想像に難くない。しかし，動きの早いIT業界においては，間接金融での資金調達ではスピードが遅く，ビジネス機会

の損失にもつながりかねない。設立以来，ソフトバンクはビジネスのスピードにこだわってきただけに，ここでのもたつきはどうしても避けなければならなかったのである。こうして，ソフトバンクは，資金調達の手段として，迷わず直接金融にシフトしていったのであるが，このことは前出のマルチプル経済の文脈との絡みで，次のように理論的に総括することができるであろう。

すなわち，大前（2000, 2001）によれば，「マルチプルは，投資家から企業経営者に送られるシグナルのようなものであり，経営者に攻撃のための弾薬を与え，世界制覇，あるいは成功にいたる道筋にあるものは何でも征服してしまうために使うように，とのメッセージがこめられている」という。ソフトバンクにとってのマルチプルとは，①投資家から多くの資金を集め，新たな投資をして投資先企業に高い株価をつけ含み益を増大させる，②また投資している多くのベンチャー企業を上場させ高株価をつけ含み益を増大させる，そしてこれら2つのルートから蓄積した含み益を基に，さらに次の買収や投資に目を向ける，という意味である。

そして，ここでも孫のスポークスマンとしての能力が，いかんなく発揮されている。つまり，不確実性の高いIT業界の今後を，孫は自らの言葉で熱く投資家に語りかけ，投資家はその話に耳を傾け，そして最終的に投資家自身が自らの判断によって投資をするのである。そして，それの好循環が高株価という形で反映され，結果的にソフトバンクは多額の含み益を手に入れることができたのである。

こうして，ソフトバンクの"第一ステージ"は，いわば外部資源を積極的に取り込み，活用しながら事業基盤を固めていくという形で，その完成を見たのである。そして，次の"第二ステージ"では，いよいよ日本社会をブロードバンド時代へと突入させるべく，さらなる布石を打つという動きを見せ始めるのである。

8　「第一ステージ」における競争優位

　ここまでのソフトバンクの競争優位についてまとめるとすれば，それは次のようになる。すなわち，ソフトバンクは，サイバー経済の発展とボーダレス化の進展を念頭におき，いち早く米国で情報網を構築した。そして，そこで得た情報をもとに，マルチプル経済を利用して調達した資金を外部資源の購入に充てた。さらに，それらを自社内に取り込み，成長させていったのである。この仕組みこそが，他社が模倣困難なソフトバンクの競争優位の正体である。

(1)　総合通信事業者へ：巨人ＮＴＴとの戦い
①　ADSLをめぐる角逐

　2001年から，ソフトバンクは競争の場を新たなステージへと移行させていくこととなる。

　同年6月，ソフトバンクは巨人ＮＴＴが君臨している通信業界への参入と，ADSL（高速インターネット接続）サービスのYahoo！BB（現在の名称は，Yahoo！BB ADSL）の開始を発表したのである。これは，今までのサイバー経済での競争とは次元が異なるものである。すなわち，サイバー経済上にあるサービスを商品としているが，競争の場はあくまで実体経済上なのである。

　以下では，ソフトバンクが巨人ＮＴＴに挑んだADSL戦略と，その後のソフトバンクの戦略について考察する。

　前述の通り，Yahoo！BBとは，ADSLサービスのことで，現在12M，26M，50Mの速度タイプがある。当サービスによるユーザーメリットは，高速インターネット（ブロードバンド）環境を低価格で実現できることである。これを大きな訴求ポイントとして，Yahoo！BBは2001年夏，サービスを開始した。当時，ADSLはFTTH（光ファイバー）が普及するまでの中継ぎテクノロジーという見方が多勢を占め，ソフトバンクの参入には疑問視する声が多かったとされる。しかし，現実は50万人に満たないADSL利用者数が，今回のソフトバンク

第Ⅱ部　ケース・スタディ

の参入を歓迎し，支持することとなった。こうして，ソフトバンクの「競争業者」に，ＮＴＴ東西やベンチャー系事業者の名が新たに付け加えられることとなった。

②　ＡＤＳＬの業界構造

ソフトバンクのＡＤＳＬ戦略を考察する前に，まず参入当時のＡＤＳＬの業界構造，すなわち外部環境について，ポーター（1982, 1995）の「５つの競争要因」の視点から考察する。

「新規参入の脅威」について見ると，「エクスペリエンス面」，「進化するテクノロジーへの対応力（技術，ヒト，カネ）」，「既存企業のブランド力」，「規模の経済」など，今回のケースではその脅威はほとんど存在していないと考えられる。

「業者間の敵対関係」について見ると，「ＮＴＴ東西のブランド力・規模」，「撤退障壁が高い」，「技術開発力」など，これらはYahoo！BBにとって脅威となっている。しかしその一方で，「競争業者の月額使用料は5,000円前後と割高」，「通信速度が1.5Mで横並び」，「差別化がない」，「都市部でしか展開していない」，「ＮＴＴは社内競合を起こしている」，「ＮＴＴの動きの遅さ」などは，むしろYahoo！BBにとって有利となっている。

「代替製品・サービスの脅威」について見ると，「FTTH市場の拡大」，「FTTHの低価格化」が進めば，Yahoo！BBにとっても，ADSL市場にとっても脅威となる。

「買い手の交渉力」について見ると，「スイッチングコストが低い」ため，やや強いといえる。しかし，「ブロードバンド人口の成長性」は，Yahoo！BBにとって有利に働いている。

「売り手の交渉力」は，脅威である。なぜならば，ソフトバンクにとって「競争業者」でもあるＮＴＴ東西が，実はサプライヤーだからである。ＡＤＳＬサービスの提供には，ＮＴＴ東西からＡＤＳＬ装置を置く場所を借りる必要がある。
次に，当時のソフトバンクの内部環境（内部経営資源）を考察する。競合となるＮＴＴと比べた場合の長所（強み）・短所（弱み）を比較したのが，図表７－３である。ここに示されているように，対ＮＴＴにおけるソフトバンクの弱みと

第7章　ソフトバンク

図表7－3　ソフトバンク vs. NTT ADSL事業におけるそれぞれの強み・弱み

比較項目		ソフトバンク	ＮＴＴ
能力比較 ①			
	ブランド力	弱い	強い
	研究開発費	少ない	多い
	ラストワンマイルインフラ	無し	有り
	経　験	無し	長年日本の通信業界をささえてきた
	財務体質	弱い	強い
	認知度	低い	高い
	安定力	低い	高い
	川上部門での垂直統合	無し	有り
能力比較 ②			
	カニバライゼーション	無し	有り（テクノロジー面）ADSL加入者が増えるとグループ連結の売上は減少
	川下での垂直統合度	有り⇒1日6億ページビューを誇るYahooをISPとして活用	無し⇒NTT東西はISPと協力。NTTコミュニケーションはCONというISPを保有。CONとNTT東西の協力ISPは競合
	スピード力	早い	遅い
	官僚体質	無し	有り
	流通チャネルの有無	有り	無し
	高コスト体質	無し	有り

（出所）ソフトバンク・ホームページ＜http://www.softbank.co.jp＞，NTT・ホームページ＜http://www.ntt.co.jp＞より筆者作成。

は,「通信事業での実績がない」,「知名度・ブランド力が弱い」,「財務体質が弱い」などである。逆に強みは,「ヤフー利用者の数」,「柔軟性」,「スピード」などである。

　以上,戦略論による基本的な分析からも,当時のADSL市場は収益性が非常に低く,決して魅力的ではない業界であったと考えられる。しかし,ソフトバンクは,このADSL市場に参入していったのである。たしかに,ソフトバンクは2001年10月に,大きな弱みと認識していた「通信事業での実績がない」点について,めたりっく通信グループ（東京,名古屋,大阪）の買収をもって,その補完に取り組んでいる。しかし,やはりこうした施策をもってしても,第三者にはその参入は無謀にしか見えなかったのである。

　では,なぜソフトバンクは,ADSL市場に参入したのであろうか。それは,孫を中心にソフトバンク内において,「ブロードバンドは確実に成長する,ADSLもまだまだ寿命は長い」,「FTTH（光ファイバーによる家庭向け電子通信サービス）は料金が高く,FTTHでなければならないコンテンツはまだ見当たらない」,「脅威となるNTTは社内競合を起こしているため,われわれの戦略に即座に対応はできない」,「スピード重視で参入すれば勝算あり」,という信念が存在していたからである。

　その結果,2005年9月末現在で,Yahoo！BB,ADSLの接続回線数は497万回線,Yahoo！BB,ADSLの補完サービスであるIP電話・BBフォンは472万回線となり,業界ナンバー1の地位を築いている。では,こうしたソフトバンクの成功要因とは,いったい何であったのか。

　以下では,筆者なりの考えを2点に絞って述べることとしたい。

③　コストリーダーシップ戦略

　前述の通り,Yahoo！BBの開始当初,市場はADSLをFTTHへの中継ぎテクノロジーと考えていたため,ADSLに対する疑問を抱いていたとされる。そのため,ソフトバンクは,ADSLの市場自体そのものを創造しなければならなかったのである。

　当時,既存事業者のADSL使用料金は,各社5,000〜6,000円のほぼ横並びで

あった。そこでソフトバンクは，戦略目標にADSLの普及とシェアNo.1を掲げ，競合者に比べ高速で低価格であることを武器に参入を決定した。これがソフトバンクの成功の大きなポイントになったのはいうまでもない。それでは，どのような価格決定がなされたのかを見てみよう。通常，価格設定は，コストから算出するケースがほとんどである。原価計算を行い，販促費を考慮し，そして利益を上乗せして最終的に価格を設定する。しかし，ソフトバンクは，数年後の想定市場規模，自社の市場シェアを基準に，3,000円強という価格に決定したのである。規模の経済効果を活かすために，市場規模は当然，全国レベルに設定された。そして，提供エリアを全国としたことで，当然，全国規模の高速IPネットワーク網の構築を行った。これにより，ソフトバンクの毎月のコスト構造（変動費＋固定費）は，以下の通りとなった。

(A) 変動費（1契約当たりの月間売上高・ARPU〔加入者一人当たりの月間支払額〕の50％）

内訳はヤフーへのロイヤリティ，Yahoo！BBの付加価値であるIP電話サービス・BBフォンの原価（Yahoo！BBの契約者のほとんどがBBフォンに加入している），モデムの償却費（Yahoo！BBは専用モデムをパソコンに接続することで使用可能になる）等。

(B) 固定費（会員数に関係なく月額40億円）

その内訳は，NTT東西に支払う施設利用料，光ファイバー利用料である。

規模の経済効果が働く根拠は，次の通りである。会員数をX名，1契約当たりの月間売上高を3,000円とする。このときの1契約当たりの収益Yは，

$$Y = 3,000円 - 1,500円（変動費） - 40億円/X$$

である。上記式より，Xが増えれば増えるほど，Yも増加することになる。よって，ここから規模の経済効果が働いていることがわかる。Xの想定人数を算出することにより，競合者が5,000～6,000円で提供していた価格に対し，Yahoo！BBは3,000円強でも十分に利益を獲得できる計算となるのである。さらに，ソフトバンクは，低価格でありながら3ヶ月間の無料キャンペーンを実施するなど，引き続き徹底した低価格路線を貫いた。

これに対し，Yahoo！BB参入後，他社も追随して価格を下げてきたが，既に市場にはYahoo！BBが一番低価格であるというイメージが定着していたため，結果的にソフトバンクが最も多くの顧客獲得に成功したのである。

④ 市場創造に合わせたマーケティング戦略

高速かつ低価格を武器にADSLに参入したソフトバンクであったが，この他にも成功要因の1つとして，同社による市場創造を実現するマーケティング戦略の存在もあげることができる。すなわち，ADSLの市場拡大に合わせながら，ターゲット層やアプローチ方法を変化させていくマーケティング戦略である（図表7－4参照）。

図表7－4　Yahoo！BBのマーケティング戦略

段階	ターゲット	ターゲット特性	プロモーション内容
Step 1	インターネットヘビーユーザー層	当時，ＡＤＳＬの認知は低かったが，その価値を理解している層。	・ヤフー上のバナー広告 ・インターネット雑誌など
Step 2	インターネットミドルユーザー層	インターネットを普通に使っている層。ＡＤＳＬの名前は聞いたことがある。ＡＤＳＬを使うかどうかは実際に誰かに聞きたい。	・量販店での販促
Step 3	インターネットライトユーザー層	インターネットに対してはあまり積極的ではない。そのため，最初の垣根を低くして，取り込む必要がある。	・街角のパラソル部隊 ・サポート体制の整備
Step 4	一般層	インターネットは名前ぐらい。この層へはＡＤＳＬの価値よりも，それを使うことで電話代が安くなるという付加価値で訴求する方が効果的。	・マス媒体（テレビ，新聞） ・サポート体制の充実

（出所）ソフトバンク・ホームページ＜http://www.softbank.co.jp＞より筆者作成。

Step 1 （サービス開始当初2001年8月）：まだまだADSLの知名度は低い状況なので，この価値を理解しているインターネットヘビーユーザーに的を絞り，ヤフーや専門誌を使ってプロモーションを行う。訴求ポイントは低価格である。

Step 2 （2002年初旬）：ADSLの認知度が徐々に高まる。メインターゲットをインターネットミドル層へと変更。この層はADSLの導入に関して，誰かに相談したいと思っている。そのため，流通事業で培ってきた営業網を利用し，量販店でのプロモーションを行う。同時に販売報奨金（インセンティブ）も実施し，販売強化も行う。

Step 3 （2002年中旬）：次第にADSLの認知度が高まり，一般的になりつつある時期。ターゲットをインターネットのライトユーザー層にシフト。ADSLは知っているがその価値を十分理解していない層であるため，その価値をきちんと説明する必要がある。そこで各地の街頭にパラソル部隊を配置し，サポート体制を整備した上でFace to Faceのプロモーションを行う。

Step 4：一般層がメインターゲット。ADSLは知っているが自分にはあまり関係ないと考えている層である。そこで，訴求ポイントを変更。Yahoo! BBの付加価値サービスである，ＩＰ電話・BBフォンを前面に押し出す。BBフォンのメリットは，固定電話に比べて電話代を安くできることであるので，電話代削減メリットでこの層の興味を惹く。テレビや新聞などマス媒体への出稿を行う。

以上，このようなマーケティング戦略で，ソフトバンクは新参者でありながら，ADSL市場において着実にシェアを獲得していったのである。

(2) 法人向け通信サービスの強化：時間と信頼性を買うということ
　　　　－日本テレコムとケーブル・アンド・ワイヤレスＩＤＣの買収－

個人や世帯を対象としたADSLサービスの開始後，休むことなくソフトバンクは，様々な通信サービスの提供を開始している。たとえば，企業向けの通信

サービス市場では，子会社のアイ・ピー・レボリューションが光ファイバー接続サービスを，また中小企業向けとしてYahoo！BB SOHOなどを展開した。そもそも企業の拠点間を結ぶ通信回線サービスは，個人向けのサービスに比べ，高品質，高性能が要求される分，高額で利益率も高いとされる。それだけに，信頼性・実績が求められることになるのであるが，この点ではソフトバンクは，ＮＴＴやＫＤＤＩよりもたしかに劣っていたのである。さらに，2004年2月にはYahoo！BB会員の個人情報漏洩の事件が起きており，ソフトバンクの信頼性は著しく低下していた。こうした逆風の中で，新たに一から実績を作り，信頼を回復するには，非常に多くの時間が必要とされる。

そこで，2004年5月，ソフトバンクは通信業界・第3位の日本テレコムを約3,400億円で買収することを決定している。3,400億円の内訳は，買取り普通株式が1,433億円，2004年6月3日現在，日本テレコムが抱えていた有利子負債である1,640億円，そして優先株325億円，である。

日本テレコムは，法人顧客約17万社を抱え，法人営業員600人以上を有していた。この買収により，ソフトバンクは法人顧客に対する大幅な信頼性の向上と高い実績を，同時に得ることができたとされる。また，日本テレコムが保有していた光ネットワークインフラ（12,000km）などで，既存ネットワークの強化をも図ることができたとされている。つまり，このことは物理的な意味でも，ソフトバンクは高い信頼性を獲得できた，ということである。たとえば，孫は，日本テレコム買収の記者会見で，「信頼感や安心感が欠けていたことは法人市場において最大の弱点だと認識している。日本テレコムを買収したことで足りなかった実績と信頼性を向上させたい」と語っている。この買収により，ソフトバンクは，連結売上高1兆円と回線数約1,000万を獲得したことにより，連結収益力の大幅な強化を実現できるとされている。

しかし，ソフトバンクの攻勢は，これだけに止まらない。法人向け事業の強化はさらに続き，ソフトバンクは国際通信事業の強化の一環として，2004年10月当時，国際通信業界および国際データ通信業界・第2位のケーブル・アンド・ワイヤレスＩＤＣ（以下，C＆W IDC）を123億円で買収する。Ｃ＆Ｗ ＩＤＣ

は，中小規模法人，大規模法人および多国籍企業にサービスを提供しているため，ソフトバンクにとっては法人事業のより大幅な強化を実現し得たのである。また，通信事業で実績を持つこの2社の買収は，ソフトバンクに対外的な信頼性のアップだけでなく，同業界における経験豊富な人材の確保をも可能としたのである。

(3) ラインナップの充実とともに：知名度とコンテンツ確保を実現する福岡ダイエーホークスの買収

ソフトバンクは，個人向け通信サービスについても，続々とラインナップを追加していった。たとえば，2004年10月には，Yahoo！BB光を開始し，翌年2月にはYahoo！BB光TV packageの提供を開始している。さらに，2004年12月には，直収型固定電話サービス・おとくラインを開始している。おとくラインのスタートにあたっては，営業強化の一環として2005年8月，ソフトバンクはインボイスとの業務・資本提携を行っている。こうした施策によって，ソフトバンクの個人向け通信サービス事業は，確かに着実な地固めを進めていたといえる。しかし，全国エリアでの展開を前提とする個人向け通信サービスにとっては，シェア獲得のために最も必要なものとは知名度である。ソフトバンクは，都市部やインターネット利用者での知名度は高かったが，地方でのそれはまだまだ低かったため，この知名度向上こそが，実は最優先課題となっていたのである。

そして，その解決のためにソフトバンクが採用した戦略とは，やはりM＆Aであった。2004年11月，ソフトバンクは，プロ野球球団・福岡ダイエーホークスの買収を発表したのである。翌年，晴れて福岡ソフトバンクホークスが誕生する。プロ野球の公式戦が開幕すると，連日，テレビや新聞などでソフトバンクの社名が取り上げられ，ソフトバンクの知名度は一気に上がっていったのである。また，福岡ソフトバンクホークスの誕生は，ソフトバンクにおけるブロードバンドコンテンツの充実にも，大いに貢献したとされる。たとえば，2005年度公式戦で，ソフトバンクは福岡ダイエーホークスのホームゲームの全試合を，

試合終了までインターネットで生中継している。これにより,国内はもちろん海外からもリアルタイムで福岡ダイエーホークスの応援が可能となったのである。こうした試みは,プロ野球界では初である。

こうしてソフトバンクは,短期間で外部資源を効果的に取り込み,総合通信事業者としての事業基盤を強固なものとし,巨人NTTと全面対決し得るだけの力を有した競争業者へと成長していったのである。

しかし,Yahoo！BB開始から数年間,ソフトバンクは様々な投資により,巨額の赤字決算を余儀なくされていた。

2005年11月10日,「先行投資によって大きくなっていた赤字がやっと利益に転じた。トンネルはいつか抜けるものと分かっていても,実際に抜けるとやはりうれしい」。

図表7－5　ソフトバンクの通信サービスラインナップ（一部）

提供サービス	ソフトバンク	ＮＴＴ
固定電話	日本テレコム	NTT東西
ＩＰ電話	BBフォン	NTT東西,NTTコミュニケーションズ
携帯電話	参入予定	NTTドコモ
ＡＤＳＬ	Yahoo！BB ADSL	NTT東西,NTTコミュニケーションズ
ＦＴＴＨ（個人向け）	Yahoo！BB 光	NTT東西
ＦＴＴＨ（法人向け）	IPレボリューション	NTT東西
ダイヤルアップ接続	日本テレコム	NTT東西,NTTコミュニケーションズ
専用線（法人向け）	日本テレコム	NTT東西,NTTコミュニケーションズ
ＩＰ－ＶＰＮ	日本テレコム	NTT東西,NTTコミュニケーションズ
国際通信事業	ケーブル・アンド・ワイヤレスIDC	NTTコミュニケーションズ

（出所）ソフトバンク・ホームページ<http://www.softbank.co.jp>より筆者作成。2005年11月現在。

第7章　ソフトバンク

　2005年11月10日，2006年3月期の中間決算発表の場で，孫はこう語った。4年半ぶりに，黒字を達成したのである。
　前述の通り，ソフトバンクは，外部資源を効果的に取り込み，企業規模を拡大してきた。その一方では，そうした強気の戦略の過程で，膨大な投資やＮＴＴとの競争激化により，巨額な販促費の存在がソフトバンクの財務上の重荷となっていたとされる。しかし，ソフトバンクは，そうした苦しい時期を見事に乗り越え，遂にその果実の収穫期に突入したことを，公の場で発表したのである。
　そして，その前日の11月9日，当時の総務大臣よりソフトバンクの携帯電話市場への参入が正式に認定されている。ソフトバンクは，次なる目標として，携帯電話市場への参入に狙いを定めたのである。

(4)　日本最大規模1兆7,500億円のボーダフォン日本法人買収：時間を買う

　2006年3月17日，日本最大規模の買収が発表された。ソフトバンクがボーダフォン日本法人を1兆7,500億円で買収するというものだ。
　ソフトバンクはかねてから，携帯電話市場への参入を目指していた。しかし，ADSL市場へ参入した時とは違い，携帯電話市場はすでに成長期から成熟期へ移行している。さらに，既存の事業者であるＮＴＴドコモ，auはともに手強い競争相手である。技術革新はADSL以上のスピードが要求されるともいわれ，毎年の研究開発費，設備投資は莫大な額となる。これらは新規参入者にとって参入障壁が非常に高いことを意味する。こういった市場環境の中，ゼロからの参入は，常に市場のナンバー1を目指すソフトバンクにとって，それまで相当な時間がかかる。それはイコール，経営リスクにもつながるのである。
　これらを回避・削減するため，ソフトバンクは買収を決めたのである。時間を買うことによってナンバー1への近道を得ると同時に，リスクの軽減を図ることになった。

151

第Ⅱ部 ケース・スタディ

9 おわりに

　ＩＴの世界は，まだまだ見えない部分が多い。しかし，その見えない部分を見抜き，そこに新たな市場を創造していく，これこそがソフトバンクの戦略目標であった。そして，ソフトバンクは，こうして定めた戦略目標の達成のために，必要な資源とは何かということを熟考するのである。すなわち，必要な資源のうち，何を内部資源（＝自社でコントロール可能な資源）でまかない，何を外部資源（＝自社でコントロールできない資源）でまかなうのか，ということを熟考するのである。その点を明確にすることで，ソフトバンクは，自社には存在しない資源＝外部資源を，Ｍ＆Ａや提携などでスピーディに取り込んでいくのである。そして，それによって得た外部資源を，自らがコントロール可能な内部資源へと変換していったのである。

　つまり，こうした仕組みこそが，競合者に模倣を困難なものとさせ，ソフトバンクの競争優位性を再生産させているのである。

　ソフトバンクはボーダフォン買収により今後，主力事業を携帯電話へと移行させると考えられる。しかし携帯電話市場には，ＮＴＴドコモ，auという巨人が待ち構えている。ソフトバンクが，この巨人といかに戦うのか。ユビキタス時代の次世代型競争戦略において，我々は引き続きソフトバンクの戦略動向を注視していくべきである。

第7章　ソフトバンク

図表7－6　ソフトバンクのM&A・提携戦略

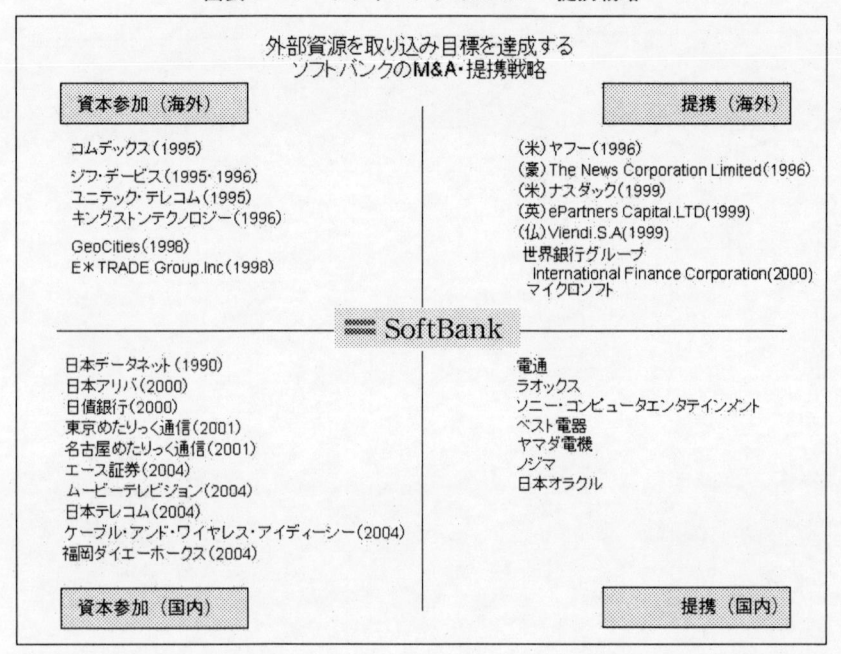

```
              外部資源を取り込み目標を達成する
                 ソフトバンクのM&A・提携戦略

  ┌─資本参加（海外）─┐              ┌─提携（海外）─┐

   コムデックス（1995）              （米）ヤフー（1996）
   ジフ・デービス（1995・1996）       （豪）The News Corporation Limited（1996）
   ユニテック・テレコム（1995）       （米）ナスダック（1999）
   キングストンテクノロジー（1996）    （英）ePartners Capital.LTD（1999）
   GeoCities（1998）                （仏）Viendi.S.A（1999）
   E＊TRADE Group.Inc（1998）         世界銀行グループ
                                      International Finance Corporation（2000）
                                    マイクロソフト

                      ━━ SoftBank ━━

   日本データネット（1990）          電通
   日本アリバ（2000）                ラオックス
   日債銀行（2000）                  ソニー・コンピュータエンタテインメント
   東京めたりっく通信（2001）        ベスト電器
   名古屋めたりっく通信（2001）      ヤマダ電機
   エース証券（2004）                ノジマ
   ムービーテレビジョン（2004）      日本オラクル
   日本テレコム（2004）
   ケーブル・アンド・ワイヤレス・アイディーシー（2004）
   福岡ダイエーホークス（2004）

  ┌─資本参加（国内）─┐              ┌─提携（国内）─┐
```

（出所）　ソフトバンク・ホームページ＜http://www.softbank.co.jp＞より筆者作成。

【参考文献】

児玉　博（2005）『幻想曲―孫正義とソフトバンクの過去・今・未来』日経BP社。
日経コミュニケーション編（2003）『知られざる通信戦争の真実―NTT，ソフトバンクの暗躍』日経BP社。
大前研一（2000）『「新・資本論」見えない経済大陸へ挑む』東洋経済新報社。
大前研一（2001）「見えない大陸：覇者の条件」『DIAMONDハーバード・ビジネス・レビュー』5月号，ダイヤモンド社。
大前研一（2005）『ザ・プロフェッショナル―21世紀をいかに生き抜くか』ダイヤモンド社。
Porter, M. E., (1980), *Competitive Strategy,* The Free Press（土岐　坤・中辻萬治・服部照夫訳『競争の戦略』ダイヤモンド社，1982，1995年）。
ソフトバンク株式会社，IR資料ライブラリー＜http://www.softbank.co.jp/irlibrary/index.html＞

本書のまとめ

本書のまとめ

第8章
「経営戦略と競争優位」論の再検討

　本章では，まずはじめに，第2部（第3章～第7章）において分析されたケース・スタディ全体をまとめていく。次にこれら各対象企業の斬新な「経営戦略」と「競争優位」から抽出されたエッセンスを，第1部で論じられた理論面へとフィードバックさせ，理論的再検討を試みる。そして最後に，新たな経営戦略論と競争優位に関する理論的整理と問題提起を行っていく。

1　5つのケースのまとめ

(1)　J＆J社

　まず，J＆J社の事例分析からは，同社の国際的な競争優位の最大の源泉が社員一人ひとりに共有化されている企業理念である「Our Credo（わが信条）」に求められている。100年間の売上高年平均成長率10.6％，72期（72年間）連続増収増益という世界的にも注目に値するJ＆J社の業績の原点は，世界57カ国，200の事業会社，従業員約11万人がグローバルに共有する同社の理念と価値基準にある。「Our Credo」はすべての男女，年代，部署，役職，そして国籍と文化を問わずJ＆J社員である以上，社員全員が共有すべき価値基準であり，行動指針でもある。競争や市場がダイナミックにそしてグローバルな規模で変化する競争環境のもとであるからこそ，逆に，時代を超えて守り抜く「価値基準と理念」が戦略と政策に一貫性を与えている。同時に，同社の「分権化経営」

本書のまとめ

はこの変わらぬ理念と価値基準のもとで環境変化にダイナミックに対応していくもう1つの機軸を構成している。このグローバルな規模で展開されている「分権化経営」によって，その地域の文化や嗜好，商習慣に合わせた企業活動と意思決定をスピーディかつタイムリーに行うことが可能となっている。

(2) MU（マンチェスター・ユナイテッド）

つぎにMUのケースを見ていこう。熾烈なスポーツ・ビジネス界において，「競争優位」を持続させることは至難のわざといえる。なぜならば，この世界においては，特許に代表される知的財産権による保護が認められない。したがって優れたスポーツ技術であるほどあっという間に模倣されてしまう。それにもかかわらず，世界でもっともスポーツ人口が多いサッカー界において数十年の長きにわたって，圧倒的なビジネス・パフォーマンスを挙げてきたプロ・サッカー・クラブがある。そのクラブは，スペインのレアル・マドリードでもイタリアのインテルでもない。それはイングランド・プレミアチームのMU（マンチェスター・ユナイテッド）である。その理由はなんであろうか。それはMUの「悲劇の歴史」と，そして「For the Teamのために決してあきらめないという理念」のもとに悲劇と挫折の中から這い上がってきた「不屈の魂」が世界中の多くのファンをロックインし，まさに他クラブに対する「模倣困難性」を創り出していることにある。同クラブの「持続的競争優位」の源泉となっているのは，独自の歴史と，それを巧みに活かしている経営戦略に他ならない。

(3) 信越化学工業

信越化学工業のように，日本製造業企業の中でいわゆる「失われた十年」を乗り越えてここ11年連続して増益を達成し，15％以上の売上高利益率をあげている日本企業は何社あるだろうか。

一方での微細製造技術の耐えざる研鑽と製造ノウハウの蓄積，他方での新規設備への先行投資と先行者利益の確保，適切な投資タイミング，コア技術の珪素化学をベースとする多角化とM＆Aによる他社資源の戦略部門への有効活用，

そしてこれらを組織的に機能させる組織能力と金川社長を中心としたリーダシップと危機意識，これらの諸点がシナジー効果を発揮することによって「模倣困難な組織能力」が構築されている。同社の「持続的競争優位の源泉」とはまさしく「長期的視点に立ちながら，同時にダイナミックに戦略を展開しうる独自の企業システム」にあるともいえる。

(4) SII

競争や市場がグローバル化するにともない，技術開発競争もいっそう激しくなり，その結果，技術環境もまたグローバルかつダイナミックに変化することになる。こうした競争環境下においては，「競争優位」の主要な源泉として「ダイナミックな技術開発能力」が不可避となる。60年以上にもおよぶ時計製造を通じて培われたマイクロメカトロニクス技術とナノ技術，そして省電力化技術，これらの技術領域における技術優位がSII社のコア・コンピタンスであり，そして「模倣困難性」の最大の源泉である。競争環境がダイナミックに変動する時代においてはコア・コンピタンスの中軸をなすコア・テクノロジーもあっという間に陳腐化する危険性を有している。こうした中で，開発リスクの高い研究開発の上流工程における同社独自の「新世代研究所」を活用した産官学のアライアンスによる新技術創造のダイナミズムが同社のいわゆるダイナミック・ケイパビリティに独自性を与えている。

(5) ソフトバンク

実態経済とサイバー経済，そしてボーダレス経済と株式時価経済とを戦略的に活用しながら「競争優位」を構築し，設立25年で売上高1兆円，時価総額3兆5千億円を超えるまでに至った企業。これは米国のIT企業の話ではなく，日本企業のソフトバンクである。特に，米国での先進的事例と情報をいち早く取り入れ，M&Aや提携による外部資源の活用を通してITとの連動性の高い事業に集中投資していくこの仕組みに，同社の「競争優位の源泉」がある。ソフトバンクの「競争優位」が持続されてきた最大のファクターは，こうした戦

略の中身だけではなく，戦略展開上の時間的速さにも求められる。この時間的速さが，他社の「競争優位の源泉」を陳腐化させると同時に，ＩＴインフラを中心軸に自社の「競争優位の源泉」を早急に構築し，他社に対する「模倣困難性」と同部門への「移動障壁」をいち早く構築してきた点にある。

2　経営戦略論と競争優位論の再吟味

　以上，5つのケースから「経営戦略」および「競争優位」のエッセンスを抽出し，そしてそれらをベースに従来の経営戦略論ならびに競争優位に関する理論を再検討してみよう。

(1)　「ポジショニング」論と内部資源説的捉え方の有効性と限界

　まず第一にいえることは，一方でのM.ポーターが指摘する「5つの競争要因モデル（Five Forces Model）」と「ポジショニング」，それを可能にする「差別化」を軸とした基本的戦略，等をベースとする外部環境重視のポジショニング論，そして他方でのバーニーによる「VRIOフレームワーク」をはじめとするいわゆる内部資源説そのものは，依然有効性を保持していることが指摘されよう。たしかに，基本的戦略としての独自の「差別化」や「VRIOを充足する内部資源」が「持続的競争優位」の主要な源泉を構成しているケースも明確に見出された。とりわけ，Ｊ＆Ｊ社やＭＵのケースでは，数十年にわたる強固な「理念」とそれを「共有させる仕組み」，独自の「歴史」や「文化」が組織構成員やファンの心の琴線に触れることによって，「差別化」や「コア・コンピタンス」，そして「持続的競争優位」の源泉をなしている。

　しかしながら同時に重要な点は，これら企業はこうした時代を超えたいわゆる「競争優位の静態的源泉」を基礎に，「分権化経営」や「マーケティング戦略」を巧みに展開することによって競争環境にダイナミックに対応しうる「持続的競争優位の動態的源泉」を確立してきた点にある。この意味において，こ

れら企業は独自の内部資源を有効に活用していく組織能力を有していることになる。

さらに、信越化学工業やSIIの場合も、巧みな業界内における「ポジショニング」と、微細製造技術の耐えざる研鑽と製造ノウハウの蓄積を中心とした「コア・コンピタンス」の持続的強化が「競争優位の源泉」となってきたことは否定しえない。信越化学工業の場合には特に、金川社長への権限の集中と強力なリーダシップが、独自の内部資源の活用にダイナミズムを与えているといえよう。

換言すれば、ポジショニング論的捉え方にせよ、内部資源説的捉え方にせよ、これらの理論的枠組みだけでは、極めて限られた時間軸の中でのみ有効性を保持しえていることに留意する必要がある。これらのケース対象企業の「競争優位の源泉」はむしろ、独自の内部資源を機動的に活用させていく組織能力の視点によるほうがより説得性を有している。

(2) 「競争優位」とダイナミック・ケイパビリティ

ソフトバンクの事例からは、M&Aや提携関係を通した外部資源の有効な活用が、急速に変化する競争環境下における「資源の内部蓄積にともなう時間を大幅に節約」すると同時に、逆に他方では既存企業にせよ、潜在的参入企業にせよ、「競合企業の経営資源の価値を陳腐化」させ、また「競合企業の組織能力の高さを急速に低下」させることによって「競争のルール」を自社に有利に変更させていく独自の企業システムが見出された。

その際、ソフトバンクが機動的かつ絶妙のタイミングで意思決定を行うことができていたとすれば、以下の2つの条件を満たしていたと思われる。まず第一は、経営者陣の「競争環境の変化を微妙に感じ取り、それによるポジショニング上の意味を適確に認識しうるビジネス・センス」、そして2つ目は意思決定を組織的に実行に移していく「組織的システム」と「組織能力」の2点である。換言すれば、ICT関連の部門に典型的に見出されるように、競争環境の変化が短期間に生じる産業ほど、これら産業に属する企業に要求されるケイパ

本書のまとめ

ビリティもまた論理的には静態的（スタティック）なケイパビリティではなく，上記二点を軸とした動態的ないわゆるダイナミック・ケイパビリティとなる。

いずれにせよ，5つの競争要因それぞれの中身と，5つの競争要因間の関係が極めてダイナミックに変化し，したがってまたVRIOフレームワークの内容が急速に変容していく競争環境のもとでは，ポジショニング論らRBV（内部資源説）をそのまま適用することによって「競争優位」を説明することはあくまで一時的「競争優位」の要因を静態的に述べているに過ぎない。ダイナミックに変容する競争環境のもとでは，少なくとも「競争優位」を持続化ないし連続化させている動態的要因との関連からの説明も不可避となる。

(3) 5つのケースと「競争優位の源泉」

以上の諸点から5つのケースを集約すると，これら企業に共通する「競争優位の源泉」とは，競争環境の変容を適確に認知し，そしてそれが自社の競争上のポジショニングにおよぼす問題点とそれに対する解決課題を適確に導出し，タイミングよく内部資源と外部資源との再編を目的意識的に図っていくリーダシップと組織能力に見出される。

そして，さらに重要な点は，J＆J社の事例において典型的に見出されたように，それらが個々の構成員一人ひとりにもDNA[1]として組み込まれていることによってさらに強化されていくという点である。すなわち，そこでは個々の構成員一人ひとりにビジョンとミッションを共有化させながらエンパワーメント（Empowerment）を図り，組織能力化を進めていく独自の組織的システムが極めて有効に機能している。その企業戦略的重要性は，このビジョン

---

1) ここの文脈では，メンバー個人個人に，共通の理念，文化があたかも遺伝的に生命の設計情報が転写されていくように，継承されていく仕組みの意味で共通のDNA（＝Deoxybonucleic Acid）という語をメタファとして用いている。

2) 創発的戦略の概念に関しては，Mintzberg, H. Ahlstrand, B. and Lampel, J. (1998)，およびBarney, J. B. (2002) に依拠している。また藤本 (2003) は進化論の視点から自動車生産システムの発展をシステム創発（＝計画と偶然が渾然一体となったシステム変異のメカニズム）の概念で論じている。

とミッションの共有化とエンパワーメントのシステムがあってはじめて，環境変化に創発的（Emergent）に対応しうる点にある[2]。

そのようなシステムが組織的に機能することによって，競争環境の変化に応じて「組織が自律的に進化していくメカニズム」がビルト・インされることになり，そしてこの「進化していく組織の自律的メカニズム」こそが「自律的競争優位の源泉」になってきているように思われる。すなわち，競争環境がダイナミックに変容する産業ほど，「戦略性」と「創発性」の両面を同時的に機能させながら資源を絶えず再構成させていく企業システム，換言すれば「自律的進化のメカニズム」がビルト・インされている企業システムが「持続的競争優位」の最大の源泉となってきている。

3 日本企業の「競争優位」と経営戦略論

(1) 日本企業の発展段階と内部資源説の限界

M.ポーターにせよ，H.ミンツバーグ，J.バーニーにせよ，主要な経営戦略論には日本企業の「競争優位性」が大なり小なり程度の差はあれ，影響をおよぼしてきた。特に，20世紀末以降の日本企業の国際的台頭は，「競争劣位」から「競争優位」への歴史的パラダイムシフトをともなっていたこともあり，従来の欧米企業と経営理論家は「競争優位性」を問い返すことを迫られることになった。

1950年代から1970年代にかけて，主要国の研究開発費や研究開発担当者数，さらには対GNP研究開発費を見た場合，たしかに米国，英国，ドイツ等の欧米主要国のほうが日本よりも上回っていた。同じように，1980年代末の日米自動車産業を例にとって見た場合にも，米国GMの年間研究開発費は日本のトヨタ，日産の年間研究開発費合計額よりも多かったにもかかわらず，新車開発に遅れをとった。このことはすなわち，圧倒的な数の技術開発者数を擁していたとしても，あるいは巨額の研究開発費を使えたとしてもそれがそのまま技術開

本書のまとめ

発成果に反映されるとは限らないことを意味することになる（林, 1993）。日本企業の台頭が欧米企業や理論家達に提示したことは，産業レベルにせよ，個別企業レベルにせよ，内部資源が豊富にあったとしてもそれがそのまま「競争優位」に直結するわけではないこと。むしろ，貧弱な内部経営資源しか保有していなくても独自のシステムが組織能力に転化し有効に機能することによって「競争優位」性を獲得しうること，このことであった。

しかもここで留意すべき点は，日本企業が「競争優位性」を獲得しえたとしても，そのことによってシステムや組織能力がすべて合理的，近代的ファクターによって構成されているとは限らない点である。それを組織の観点から確認してみよう。たとえば，組織的効率性の視点だけから見るならば，上からの一方通行的指令のもとで動く官僚制的組織のほうがより有効となる。ダイナミックに変化する攻防下に置かれている国家間の戦争状況においても，上からの指令のもとに一糸乱れず動く軍事的組織のほうがダイナミック・ケイパビリティを有しているということもできる。同じように，歴史的発展段階において発展途上段階の諸国やあるいは帝国主義時代におけるドイツや日本のような後進資本主義国型のシステムにおいては，急速にキャッチアップを図る国家的政策の必要上，このような絶対主義的官僚制機構のほうが組織的に有効性を有することになる。明治時代から第二次大戦終結期にかけてのいわゆる天皇制絶対主義的ガバナンスのもとで主要財閥系企業はそうした組織能力を有効に活用して急速に列強へのキャッチアップを図ることに貢献したといえる。同じように，戦後日本産業の欧米企業へのキャッチアップの過程においても，固定的産業構造下における特定企業群との長期間にわたる競合関係，そして明確なターゲット企業の存在と明確な戦略的課題が存在する場合には，たしかにこうした明確な組織ルーティン化された組織構造は早期に課題を克服するために有効に機能しうる[3]。換言すれば，文化的，制度的に遅れているからこそ，それが「競争

---

[3] 沼上（2003）は，一方で創造性や戦略性に富んだ業務が可能となるのは，他方で官僚制組織によってミスなくそれらの業務がこなされていくからこそ可能である点も指摘している。

優位性の源泉」になりえたことの逆説の論理を理解する必要がある。

(2) 内部資源説によると歴史は固定的

　欧米の経営学者からすれば日本企業の「競争優位性」をいわゆる内部資源説的アプローチから解釈する限り理解困難であったに違いない。なぜならば，狭隘な内部資源説の基本的論理に従えば，すぐれた経営資源を内部に豊富に有する大企業や先進国は永遠に「競争優位」をもって繁栄し，逆に，保有しない中小企業や発展途上国は永遠に「競争劣位」により低賃金と貧困から抜け出すことはできないことになってしまうからである。

　したがってそこではむしろ，ケイパビリティ論や組織能力論のほうがより論理的整合性を持ちうることになる。藤本（2003）のように，日本自動車産業の競争力を「組織能力」や「システム創発」の視点から論じるほうがより説得力を持つのもこうした背景に求められる。

　しかしながら，1980年代以降，日本のGNPに占める研究開発費比率にせよ，労働力人口1万人当たりの科学技術者数にせよ，相対的には日米逆転現象が製造業において一般的現象となるに至ってきた。こうした研究開発者数や研究開発費の増大傾向で見る限り，知識集約型の産業構造への転換は，競争力強化の一環として国家的政策としても目的意識的に遂行されることによって，世界的規模で起こってきた。このことは，逆に企業の「国際的競争優位性」を内部資源説的アプローチからも説明しやすくなったことでもある。しかしながら，歴史は繰り返すことはない。

4　日本企業の戦略的課題

(1) 日本企業の戦略的課題と仮想統合化（Virtual Integration化）

　21世紀に入り，経済システムの基調が，グローバリゼーションと産業構造の知識集約化，ICTを技術基盤とするデジタル・エコノミーを基調とするデジ

本書のまとめ

タル資本主義型システムへの進展，そしてインターネット資本主義経済の本格的始動とが相乗効果をもってパラダイムシフトするに至った。

ここでは，デジタル技術のみならずソフトウェア技術が相対的重要性を獲得し，組織的にも，世界的規模で生じる競争環境の変化に「柔軟な発想と機動力」を持って，創発的かつ自律的に対応しうる企業組織のほうがむしろ有効性を持ちうる。

その結果，垂直的統合の組織形態に代表される閉鎖的な自前主義的統合化から，競争優位を有する他企業との業務提携を軸とした開放的な企業間組織形態による統合化への移行が促進されることになる。とりわけ，インターネット資本主義化が進展し，対顧客および対サプライヤーとのリアル・タイム・コミュニケーションを軸としたオンライン・ビジネスが常態化してくるにつれて，自社内の戦略的経営資源とコア・コンピタンスを有する他社の経営資源とをベスト・ミックスさせて統合化していくのにもっとも適したネットワーク型組織形態としての仮想統合化（Virtual Integration化）とそれに依拠した仮想企業化（Virtual Corporation化）[4]が進むことになる。そこでは各ビジネス・プロセスごとの戦略的提携やアウトソーシングが複雑かつFlexibleに統合化されたグローバル・コンプレックスとしての機能を保有することになる（林，2004）。

(2) 日本企業の戦略的課題と新たな製品開発システム

こうした点を製品開発の観点から確認してみよう。新たな製品として具体化されるまでには多様な技術領域に属する技術的知識やスキルが複合的に連関し

---

4) ここでは，Virtual IntegrationとVirtual Corporationを「企業内の各業務の流れ（ビジネス・プロセス）を国際的に競争優位を有する他社と業務提携しあいながら，あたかも1社内でビジネス・プロセスが統合化されているようなスムーズな業務の流れ」と規定している。これについては，Goldman, S. L., Nagel, R. N. and Preiss. K. (1995) を参考にした。

5) たとえば，「技術連関のコンセプト」および「露光装置を構成する技術分野群の相互連関」に関しては，菰田文男・西山賢一・林　倬史・金子　秀 (1996)，および菰田文男・西山賢一・林　倬史 (1997) で詳しく分析されている。

あいながら仕上げられていく（菰田・西山・林，1997）。端的にいえば，製品化は多様な技術分野の融合によってはじめて可能となる[5]。特に，デジタル技術の急速な発展は多様なハードウエア技術のみならずソフトウエア技術との融合も不可欠となっている（菰田・西山・林・金子，1996）。グローバリゼーションの進展にともない，技術開発競争もいっそう熾烈化する競争環境のもとでは，国際的スタンダードから見て新鮮なコンセプトの製品を開発していく必要性が高まる。このことは，自社の技術開発力を強化すると同時に，製品を構成する多様な技術分野において，国籍を問わずそれぞれ優れた技術を有する企業との提携やM＆A＆D（Development＝開発）を，絶えず技術戦略の一環として考慮していくことが不可欠となることを意味する。しかも，技術環境が急速に変化する技術分野においては，製品化に不可欠なすべての技術分野を自社単独で開発していくことはあまりにも研究開発リスクが大き過ぎる。とりわけ，デジタル技術分野における製品群は，スタンド・アローン型の製品からネットワーク型の製品へと移行してくるために，グローバルな規模での標準化戦略が不可避となってきている。

したがって，製品開発システムの方向性は，まず**第一に**，ヴァーティカル・インテグレーション（Vertical Integration＝垂直統合型）型の開発システムをとるにせよヴァーチャル・インテグレーション（Virtual Integration＝仮想統合型）型の開発システムをとるにせよ，自社資源による排他的開発システムから他企業や大学・研究機関をも巻き込んだ共同研究を通したオープンなネットワーク型の開発システムへの展開がより有効となってくる（Chesbrough, 2003）。換言すれば，内部資源にせよ，外部資源にせよ，自社の戦略的コンセプトにそって戦略的経営資源の再構成（Re-Configuration）をオープンに展開していくことが企業の戦略的課題となってくる。しかも**第二に**，こうした製品開発システムは国際的競争優位性を求められるほどますます海外の優れた外国籍研究者を取り込みながら，グローバルな規模で構築されてきている（Medcof, J. W., 2001 ; Serapio and Hayashi, 2004 ; Hayashi and Serapio, 2006）。たとえば，図表8－1は，IBM社が2005年に米国で取得した特許件数（認可ベース）を発明者国籍で分類し，

本書のまとめ

図表8−1　ＩＢＭ社のグローバル研究開発システム

Global R&D Networks by IBM Corp.：2005
In terms of the Number of US patents invented by Overseas Institutions to which Inventors belonged

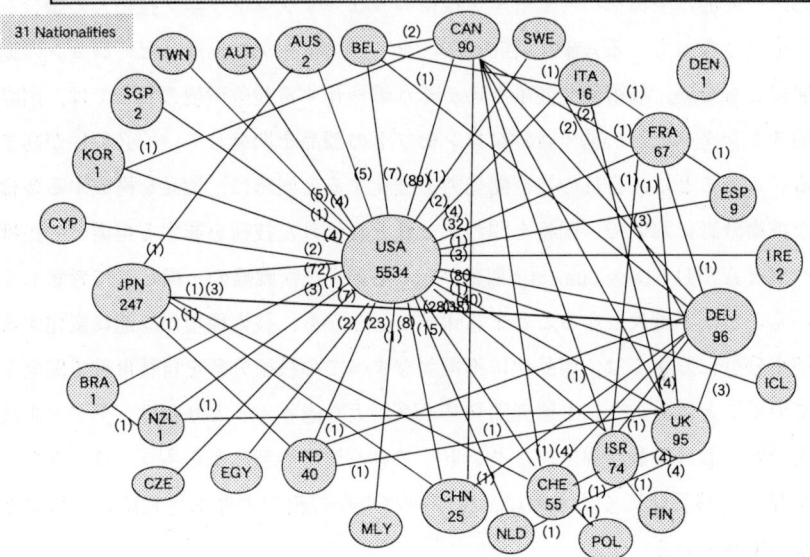

31 Nationalities

(注)　ＩＢＭ社が2005年に米国で取得した特許（認可ベース）を，発明者の所属国籍もしくは発明者の所属機関の国籍によって分類している。たとえば，ＵＳＡ：5534は，5,534件の特許件数が発明者の国籍（もしくは所属機関国籍）が米国に帰属していたことを示している。同じように，ＪＰＮ：247は日本国籍の発明者による米国特許件数が247件であったことを示している。傍線とその脇の数値，たとえば日米間の72は同年の日米間の共同発明による特許件数を示している。なお，ＩＢＭ社の米国特許でみた国際的な研究開発システムを1980年，1990年および2000年とそれぞれ比較してみると，グローバル化が急速に進展してきたことをみてとれる（これについては，野口・貫・須藤（1998），および林（2002）を参照されたい）。
(出所)　米国特許データベース「USPATFUL」より作成。

チャート化したものであるが，これによると発明者国籍（ないし所属機関国籍）は31におよんでいる。

　そして第三に，製品開発のプロセスにおける企業間の関係性は，決して静態的なものではなく，部門内のみならず多部門間（異業種間）においてダイナミックに変化し絡み合いながら進展してきている。こうした状況下においては，

ある技術分野においては熾烈な競合関係にありながら,別の技術分野では提携関係や標準化をめぐるコンソーシアムの仲間どうしとして協調しあうという複雑な関係性を内包した構図を作り上げていく。

こうした方向性を有する製品開発システムのもとで,開発され,市場に投入された新製品も時間とともに成熟化しそして衰退していく。このことは,商品のライフサイクルが衰退期に移行するにともなって,それを扱っている事業部も衰退し,そしてその事業部を擁している企業も衰退していくことを意味する。こうした衰退化のプロセスのなかで内部資源の価値も陳腐化していくことになる。逆に,新たなコンセプトの新製品をつぎつぎに開発し市場にタイムリーに投入していくことによって,それらを扱う事業部は再活性化し,そしてそうした事業部を擁している企業も再活性化していく。こうした製品・事業部・企業のライフサイクル・プロセスの中で企業の内部資源はダイナミックに再構築,再統合,そして再構成されながら進化していくことになる[6]。

5 新たな経営戦略論の展望と課題

ここで,以上の諸点を踏まえた上で,第1章,第2章の経営戦略と競争優位に関する理論および第3章〜第5章での5つのケース分析から,新たな経営戦略論と競争優位論の展望と課題を検討してみる。

(1) 知識労働の重要性と文化的多様性

21世紀型の企業システムにおいては,産業構造の知識集約化が進む分だけ知識労働の果たす役割がいっそう戦略的意味を有してくることになる。このことは,より創造性が求められる頭脳労働の戦略的重要性が強まることをも意味する。したがって,頭脳労働的要素が強くなるほど,頭脳という生産手段を所有

---

6) こうした視点については,Adner, R. and Helfat, C. E (2003) が参考になった。

本書のまとめ

図表8－2　文化的多層性と文化的多様性

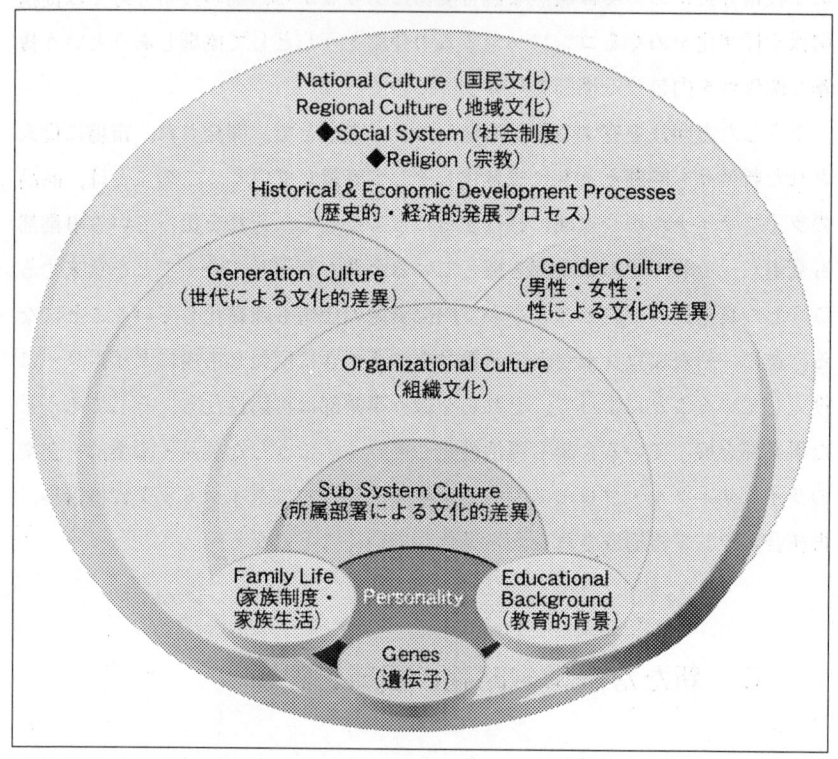

- National Culture（国民文化）
- Regional Culture（地域文化）
- ◆Social System（社会制度）
- ◆Religion（宗教）
- Historical & Economic Development Processes（歴史的・経済的発展プロセス）
- Generation Culture（世代による文化的差異）
- Gender Culture（男性・女性：性による文化的差異）
- Organizational Culture（組織文化）
- Sub System Culture（所属部署による文化的差異）
- Family Life（家族制度・家族生活）
- Educational Background（教育的背景）
- Personality
- Genes（遺伝子）

（出所）　林（2006）。

（領有）する個人個人への依存度が強まることになる。こうした意味においては，Resource Based Viewの視点よりも，Knowledge Based View（Zack, M. H. ed., 1999）の視点のほうがより明確にポイントを突いている。しかしながら，個人が機械と決定的に異なる点は，個人の頭脳によって創出される意識[7]や知識は，人間一人ひとりごとに独自のGenes（＝遺伝子）に規定されるファクターのみな

7）　人間個人個人の意識，感覚，主観は脳内の1000億の神経細胞のつながり，すなわちニューロン・ネットワークによって創出されるが，これについては，（茂木（2001）および菰田（2003）が興味深い論点を提示している）。

らず，文化的多層性に規定された文化的多様性（図表8－2参照）からも規定される。すなわち，個々人の価値観，考え方，認識の仕方は，国民文化，地域文化，ジェンダーや世代間の文化的差異，組織文化，サブシステム（所属部署）間の文化的差異，家族構成・生活スタイル，アカデミック・バックグラウンド，そして個々人の遺伝子（Genes）に規定されることをあらわしている。したがって，個人個人がそれぞれの異なった考えやアイデアを表明し，交換しあい，それらが合成・編集され，新たなコンセプトへと転換していくプロセスにおいて重要な役割を果たすメンバー間のコミュニケーションは，多文化間の異文化コミュニケーションとして認識される必要がある（林，2006）。ここでは，まったく同一の言語で会話されていても，異なったコンテキストのもとで，異なった意味が付与されている。

(2) 多文化シナジーの優位性と組織の自律的進化

したがって，文化的多様性による多様な考えやアイデアをメタ認知的に認識し直しながら把握し，合成し，編集して新たなコンセプトへと転換していくためには，「多文化間コミュニケーション能力とリーダシップ」が要求されることになる。しかも，メンバーの考えを単に機械集約的に集約させるのではなく（植田・岡田，2000），多文化シナジー効果（図表8－3参照）を創出させながら行う能力が要求されることになる[8]。

21世紀型企業の新たな競争優位性の源泉は，こうした「文化的多様性によるシナジー的優位性（Culturally Synergistic Advantages）」（Adler, N., 1997）の視点から検討されていく必要性がますます高まってきている。21世紀型の企業に求められる「戦略」と「競争優位」は，したがって個々人による知識労働の重要性が高まる分，構成員一人ひとりがビジョンとミッションを共有化しあいながら

---

[8] 菰田（2003）は，他者とのコミュニケーションの機能的役割を脳のニューラル・ネットワークの役割との関連から論じており，示唆に富んでいる。多文化コミュニケーションと多文化シナジーの効果をこうした視点から分析することも今後の重要な理論的課題と思われる。

図表 8-3 異(多)文化シナジーの概念図

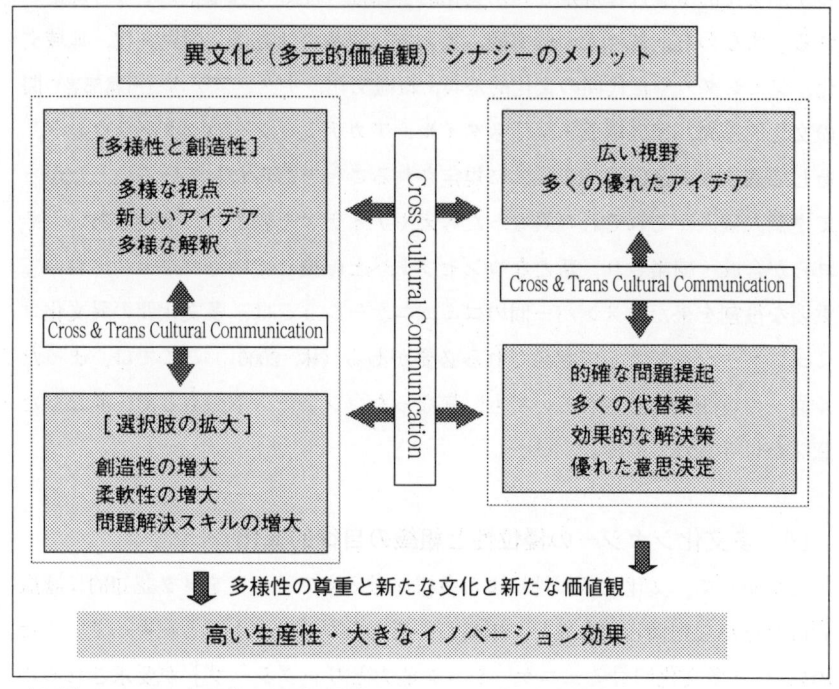

異文化（多元的価値観）シナジーのメリット

[多様性と創造性]
- 多様な視点
- 新しいアイデア
- 多様な解釈

Cross & Trans Cultural Communication

[選択肢の拡大]
- 創造性の増大
- 柔軟性の増大
- 問題解決スキルの増大

Cross Cultural Communication

広い視野
多くの優れたアイデア

Cross & Trans Cultural Communication

- 的確な問題提起
- 多くの代替案
- 効果的な解決策
- 優れた意思決定

↓ 多様性の尊重と新たな文化と新たな価値観

高い生産性・大きなイノベーション効果

（出所） N. Adler(1997)，江夏・桑名訳，pp.102-132より作成。

エンパワーメント（Empowerment）を図り，それをベースに組織能力化が進められていく独自の企業システムが極めて有効に機能することになる。その企業戦略的重要性は，このビジョンとミッションの共有化とエンパワーメントのシステムがあってはじめて，よりいっそうダイナミックに変容してくる環境変化に個人と組織が創発的（Emergent）に対応しうる点にある。しかも，グローバリゼーションの進展による多文化との接触は，一方での熾烈な「文化間の衝突」の源泉でもあり，また他方では「新たな知識と文化の創造」の源泉でもある。したがって，個人と組織が創発的（Emergent）に対応しうるシステムが組織的に機能するためには，文化的多様性をクロス・カルチャラル（Cross-Cultural）かつトランス・カルチャラル（Trans-Cultural）な視点[9]から共生させることに

よって，文化的多様性を内包した市場環境に応じて「組織が自律的に進化していくメカニズム」がビルト・インされることになり，そしてこの「進化していく組織の自律的メカニズム」こそが「自律的競争優位の源泉」になってくるように思われる。すなわち，競争環境が世界的規模でダイナミックに変容する産業ほど，「戦略性」と「創発性」の両面を同時的に機能させながら内外の経営資源を絶えず世界的規模で再構成させていく企業システム，換言すれば「自律的進化のメカニズム」がビルト・インされている企業システムが「持続的競争優位」の最大の源泉となってきている。

こうした論点こそが，日本企業のみならず「経営戦略論」と「競争優位論」に今後いっそう求められてくる戦略的課題となってくると思われる。

【参考文献】
青木幹喜 (2006)『エンパワーメント経営』中央経済社。
藤本隆宏 (2003)『能力構築競争』中公新書。
林　倬史 (2004)「日本企業の戦略的課題と知的財産権」『ビジネス・インパクト』Vol. 3, 14-19。
林　倬史 (2002)「企業間競争のグローバル化と特許戦略」『組織科学』vol. 35, No. 3 ; 4-14。
林　倬史 (1993)「日本産業の技術革新システムと国際競争力」林　倬史・菰田文男編著『技術革新と現代世界経済』ミネルヴァ書房，第3章。
林　倬史監修・林ゼミナール著 (2006)『イノベーションと文化的多様性』唯学書房
加護野忠男・井上達彦 (2004)『事業システム戦略　事業の仕組みと競争優位』有斐閣。
河合忠彦 (2004)『ダイナミック戦略論　ポジショニング論と資源論を超えて』有斐閣。
菰田文男 (2003)『脳外革命』中経出版。

---

9) Cross-Cultural マネジメントとは，異なった文化間の差異を認識し，尊重しあいながらマネジメントを行う意味合いであるのに対し，Trans-Cultural マネジメントは，異なった文化間の差異を認識し，尊重しあうと同時に，共通する新たな文化を創り出しながらマネジメントするという意味合いといえる。これについては，馬越恵美子 (2000) も参照されたし。

本書のまとめ

菰田文男・西山賢一・林　倬史・金子　秀（1996）『情報通信と技術連関分析』中央経済社。

菰田文男・西山賢一・林　倬史（1997）『技術パラダイムの経済学』多賀出版。

菰田文男（2003）『脳の外化と生命進化』多賀出版。

馬越恵美子（2000）『異文化経営論の展開』学文社。

茂木健一郎（2001）『心を生み出す脳のシステム』日本放送出版協会。

野口　宏・貫　隆夫・須藤春夫編著（1998）『電子情報ネットワークと産業社会』中央経済社。

野中郁次郎・紺野　登（2003）「『知識ベース企業』で何が見えてくるのか」『一橋ビジネスレビュー』WIN. 102−115。

沼上　幹（2003）『組織戦略の考え方』ちくま新書。

大前研一（2001）「見えない大陸：覇者の条件」『DIAMONDハーバード・ビジネス・レビュー』5月号。

十川廣國（2000）『戦略経営のすすめ』中央経済社。

植田一博・岡田猛編著（2000）『協同の知を探る創造的コラボレーションの認知科学』日本認知科学会編，共立出版。

Adler, N. J. (1991), *International Dimensions of Organizational Behavior,* Pws-Kent（江夏健一・桑名義晴訳『異文化組織のマネジメント』セントラルプレス，1996年）。

Adner, R. and Helfat, C. E. (2003), "Corporate Effects and Dynamic Managerial Capabilities", *Strategic Management Journal,* 24：1011-1025.

Barney, J. B. (2002), *Gaining and Sustaining Competitive Advantage,* Prentice Hall（岡田正大訳『企業戦略論』（上）ダイヤモンド社，2003年）。

Chesbrough, H. (2003), *Open Innovation,* Harvard Business School Press（大前恵一朗訳『Open Innovation』産業能率出版部，2004年）。

Dosi, G, Nelson, R. R. and Winter, S., ed. (2000), *The Nature and Dynamics of Organizational Capabilities,* Oxford University Press, London.

Eisenhardt, K. M. and Martin, J. A. (2000), "Dynamic Capabilities:What are they？", *Strategic Management Journal,* 21：1105−1121.

Goldman, S. L., Nagel, R. N. and Preiss. K. (1995), *Agile Competitors and Virtual Organizations*（野中郁次郎監訳・紺野　登訳『アジルコンペティション』日本経済新聞社，1996年）。

Hamel, G. and Prahalad, C. K. (1994), *Competing for the future,* Harvard Business School Press（一條和生訳『コア・コンピタンス経営』日本経済新聞社，1995年）。

Hayashi, T. and Serapio. M (2006), "Cross-Border Linkages in R&D Networks：Evidence From 22 US, Asian, and European MNCs", *Asian Business Management,* Vol. 5, No. 3 ; 271−298.

Medcof, J. W. (2001), "Resource-based Strategy and Managerial Power in Networks of Internationally Dispersed Technology Units", *Strategic Management Journal,*

22:999−1012.

Mintzberg, H. Ahlstrand, B. and Lampel, J. (1998), *Strategic Safari,* The Free Press (斉藤嘉則監訳, 木村充・奥澤朋美・山口あけも訳『戦略サファリ』東洋経済新報社, 1999年).

Serapio, M. and Hayashi, T. (2004), *Internationalization of Research and Development, and the Emergence of Global R&D Networks,* Elesevier.

Zack, M. H. (ed.) (1999), *Knowledge and Strategy,* Butterworth Heinemann.

索　引

〔あ〕

Our Credo……57, 59, 60, 62, 63, 64, 67, 68, 69, 70, 71, 72, 73, 74, 157
ＲＢＶ……………………14, 15, 16, 17, 162
アウトソーシング………………………26, 166
アライアンス……………………117, 118, 159
アンバンドリング……………………………25
暗黙知…………………………………19, 22, 122
5つの競争要因……………7, 31, 32, 33, 37, 95, 142, 162
5つの競争要因モデル…………………160
移動障壁……………………………………160
異文化コミュニケーション………………171
異文化組織……………………………………26
異文化マネジメント………………………50
ヴァーティカル・インテグレーション…167
Ｍ＆Ａ……………25, 50, 51, 98, 103, 106, 133, 152, 158, 159, 161
Ｍ＆Ａ＆Ｄ………………………………167
ＳＥＣＩプロセス………………………21, 22
エンパワーメント……43, 46, 162, 163, 172
オープン……………………………………167

〔か〕

外的要因…………………………………36, 51
外部要因重視………………………………34
外部要因分析……………………………14, 16
仮想企業化………………………………166
仮想統合化………………………………166
価値連鎖………………………………………7
企業哲学………………………………………59
企業の外部要因……………………………32
企業文化………………26, 42, 43, 48, 49, 50
企業理念………………………………………59
技術優位……………………………………159
希少性……………………………………16, 38
規模の経済…………………………………10
共同化…………………………………………22
クレド・サーベイ………………………69, 70
グローバル・スタンダード・オブ・リーダーシップ………………………………71
経営哲学………………………………………60
経営理念…………………………………70, 73
経験曲線………………………………………10
形式知…………………………………22, 122
ケイパビリティ………15, 16, 17, 25, 41, 165
結合化…………………………………………22
コア・ケイパビリティ……………………26, 41
コア・コンピタンス……15, 17, 18, 19, 21, 42, 43, 44, 47, 109, 110, 114, 115, 126, 159,
コア・コンピタンス経営……………………18
コア・リジディティ…………………………43
コスト・リーダーシップ…………7, 9, 32, 114

〔さ〕

差別化…………………………7, 9, 32, 65, 160
参入障壁………………………………65, 151
ＧＳＯＬ………………………………………71
事業多角化………………………………112
資源ベース論……………36, 37, 38, 39, 40, 50
システム創発………………………………165
持続的競争優位…29, 34, 35, 36, 38, 39, 40, 48, 51, 74, 75, 87, 91, 95, 158, 159, 160
シナジー的優位性…………………………171
社会的責任………………………………59, 60
集中………………………………………7, 32
熟考型戦略…………………………………14
自律的…………………………163, 166, 173
自律的競争………………………………173

177

シングル・ループ学習……………45
成長率－市場シェア・マトリックス……10
製品多角化……………………98
先行者優位……………………117
戦略計画………………6, 9, 12, 14
戦略的思考………6, 9, 12, 13, 14, 17, 18, 23, 24, 25
戦略的提携……………25, 50, 51, 166
綜合……………………………26
綜合力…………………………21
創発型戦略……………………13, 35
創発的……………163, 166, 172, 173
速度の経済……………………25
組織学習………………10, 44, 45, 46, 47
組織間学習……………………51
組織的知識創造………………21
組織能力………40, 41, 42, 43, 47, 50, 51, 159, 161, 162, 164, 165
組織能力概念…………………42
組織能力論……………………165
組織文化……………………88, 171

〔た〕

ダイナミック・ケイパビリティ
　………25, 43, 110, 115, 126, 159, 161, 164
多角化…10, 23, 30, 31, 98, 99, 112, 114, 158
多角化経営……………………64
多角化経営戦略………………112
多角化戦略……………………98, 99
多角化路線……………………112
ダブル・ループ学習…………45, 46
多文化間コミュニケーション能力……171
多文化シナジー効果…………171
知識…………………………19, 172
知識資産………………………21
知識集約化……………………169
知識創造……………………19, 21, 26
知識創造能力…………………21
知識ベース……………………19

知的財産権……………………158
提携……………149, 152, 159, 167, 169
提携関係………………………161

〔な〕

内的要因……………………35, 36
内部………………………160, 161
内部要因………………………51
内部要因分析…………………16
内面化…………………………22
ナレッジ・マネジメント……15, 19, 21, 23, 24, 26
Knowledge Based View ………170
能力ベース論………36, 40, 42, 43, 47, 48, 49, 50, 51

〔は〕

表出化…………………………22
ＶＲＩＯ………………………160
ＶＲＩＯフレームワーク……15, 37, 38, 39, 96, 160, 162
プロダクト・ポートフォリオ・
　マネジメント………………10
文化的多層性………………170, 171
文化的多様性………26, 49, 169, 170, 171, 172, 173
分権化…………………………66
分権化経営………57, 64, 65, 66, 67, 73, 74, 157, 158, 160
分権経営………………………73
ポートフォリオ分析…………10
ポジショニング………6, 16, 17, 30, 34, 35, 160, 161, 162
ポジショニング・アプローチ……7

〔ま〕

３つの基本戦略………………7, 9
模倣可能性…………………38, 96

模倣困難性……………16, 17, 21, 38, 75, 81, 158, 159, 160
模倣困難な組織能力 …………………159

〔ら〕

Resource Based View …………………170
リーダーシップ ……26, 42, 43, 71, 73, 105, 107, 118, 159, 171

リソース・ベースド・ビュー
（resource-baced view：R B V）……14

〔わ〕

我が信条……63, 67, 68, 69, 70, 71, 72, 73, 74

編著者・執筆者紹介

[編著・執筆者]

林　倬史（序文・第8章）
慶應義塾大学商学部・商学研究科博士課程単位取得退学，福岡大学商学部専任講師，助教授を経て，立教大学経営学部教授：博士（経済学）
主要著書：*Internationalization of Research and Development Activities, and the Emergence of Global R&D Networks*, co—eds. with M. Serapio, Elsevier, London. 2005.

關　智一（第1章）
立教大学経済学部・経済学研究科博士課程中退，小樽商科大学商学部助手を経て，東洋大学経営学部助教授：博士（経営学）
主要著書：『ＩＴ時代の国際経営　理論と戦略』（林　倬史編著，中央経済社，2000年，第5章担当）

坂本　義和（第2章）
慶應義塾大学商学部・商学研究科博士課程単位取得退学，立教大学経済学部助手を経て，千葉経済大学経済学部専任講師：博士（商学）
主要著書：『経営学イノベーション2　経営戦略論編』（十川廣國編著，中央経済社，2006年，第2章担当）

[執　筆　者]

早川　　学（第3章）
立教大学大学院ビジネスデザイン研究科（2006）年修了（ＭＢＡ）

小野亜矢子（第3章）
立教大学大学院ビジネスデザイン研究科（2005）年修了（ＭＢＡ）

山岡　宏徳（第4章）
立教大学大学院ビジネスデザイン研究科（2006）年修了（ＭＢＡ）

高宇知敏彦（第5章）
立教大学大学院ビジネスデザイン研究科（2006）年修了（ＭＢＡ）

植松　　茂（第6章）
立教大学大学院ビジネスデザイン研究科（2004）年修了（ＭＢＡ）

永田　　誠（第7章）
立教大学大学院ビジネスデザイン研究科（2006）年修了（ＭＢＡ）

著者との契約により検印省略

平成18年9月25日 初版第1刷発行		**経営戦略と競争優位**

編著者　　林　　　倬　史
　　　　　關　　　智　一
　　　　　坂　本　義　和

発行者　　大　坪　嘉　春

印刷所　　税経印刷株式会社

製本所　　株式会社　三森製本所

発行所　東京都新宿区下落合2丁目5番13号　株式会社　税務経理協会
郵便番号 161-0033　振替 00190-2-187408　電話 (03)3953-3301(編集部)
FAX (03)3565-3391　　　　　　　　(03)3953-3325(営業部)
URL　http://www.zeikei.co.jp/
乱丁・落丁の場合はお取替えいたします。

©林　倬史・關　智一・坂本義和　2006

本書の内容の一部又は全部を無断で複写複製（コピー）することは、法律で認められた場合を除き、著者及び出版社の権利侵害となりますので、コピーの必要がある場合は、予め当社あて許諾を求めて下さい。

Printed in Japan

ISBN4-419-04747-X C1034